BERTHOLD KUPISCH

Gesetzespositivismus im Bereicherungsrecht

Schriften zum Bürgerlichen Recht

Band 45

Gesetzespositivismus im Bereicherungsrecht

Zur Leistungskondiktion im Drei-Personen-Verhältnis

Von

Dr. Berthold Kupisch

o. Professor an der Universität Münster

DUNCKER & HUMBLOT / BERLIN

Alle Rechte vorbehalten
© 1978 Duncker & Humblot, Berlin 41
Gedruckt 1978 bei Buchdruckerei Bruno Luck, Berlin 65
Printed in Germany
ISBN 3 428 04120 8

Vorwort

Die Untersuchung will frühere Bemühungen um Transparenz von Dogmatik fortsetzen, Dogmatik verstanden als Ökonomie begrifflicher Kürzel, mit deren Hilfe die rechtliche, also generalisierende Bewertung einer Fallkonstellation zusammengefaßt und für die Anwendung auf gleich gelagerte Fälle und Folgeprobleme praktikabel gemacht wird (mit welchem Verständnis die besonderen Probleme, die aus sprachlichen Unschärfen des Begriffs, aus der Individualität jedes Falles und aus Veränderungen der Bewertungsmaßstäbe resultieren können, nur aktuell beiseite gelassen sind). Voraufgegangen sind Überlegungen zum sog. Anwartschaftsrecht des Vorbehaltskäufers und zur Vormerkung (Juristenzeitung 1976, 417; 1977, 486). Die dort bezogene Stellung gegen die Annahme spezifizierter, verselbständigter Rechtsfiguren hat bei der Vormerkung zur Analogie geführt. Analogie steht auch im Mittelpunkt der vorliegenden Abhandlung, die den Versuch unternimmt, unter Folgerungen für die Leistungskondiktion überhaupt dem notorisch verwickelten Komplex der Leistungskondiktion im Dreiecksverhältnis zuleibe zu rücken.

Als weiteren gemeinsamen Nenner möchte ich das römische Recht bezeichnen. Römisches Recht hier im Dienste des modernen, als Mittel der Rechtsvergleichung, konkreter: insoweit — bei einer gegebenen Wertordnung* — die Technik, Sachverhalte rational-problembezogen zu analysieren und Entscheidungen nach Faktum und Rechtsfolge adäquat zu formulieren, Gegenstand der Betrachtung ist. Diese Technik, die für sie auch eine solche zweckmäßig dosierter Abstraktion gewesen ist, haben die römischen Juristen bekanntlich zur Vollendung entwickelt. Die Beschäftigung mit ihnen, mit den Aufzeichnungen ihrer normativen Aussagen, führt somit nicht nur eine Aufgabe jeder heutigen Rechtspraxis (im weitesten Sinn) exemplarisch vor Augen. Sie gibt vielmehr, wie ich meine, zugleich eine Art Nährboden auch dafür ab, Sätze des geltenden, zumal kodifizierten Rechts im Hinblick auf die regelungsbedürftigen Wirklichkeitsausschnitte kritisch, von einem Standpunkt außerhalb des Systems — jenseits bloßer Selbstreflexion positivierter Daten — nachzudenken und zu überprüfen. Wenn sich da-

---

* Akzentuiert zur römischen soeben O. *Behrends*, Römische Privatrechtsordnung und Grundrechtstheorie, in: Sozialwissenschaften im Studium des Rechts, Bd. 4, Rechtsgeschichte, hrsg. von G. Dilcher und N. Horn, München 1978 (JuS-Didaktik Heft 6).

bei, wie es zum vorliegenden Thema der Fall zu sein scheint (unten III 5), über die romanistische Tradition des Bürgerlichen Gesetzbuchs auch unmittelbar ein aufschlußreicher Bezug von den Römern her ergibt, so erhellt das zusätzlich den bleibenden Wert der Hinwendung zur römisch-rechtlichen Historie.

Ihrem bereicherungsrechtlichen Inhalt nach bricht die Untersuchung mit überkommenen Vorstellungen. Sie entfernt sich aber weniger von den Ergebnissen, mit denen die Regelung der gestörten Dreiecksbeziehung im allgemeinen angestrebt wird, als von den zur Begründung dieser Ergebnisse aufgestellten hochkontroversen Lehren. Die Berechtigung zu solcher Abkehr (und damit zugleich der Grund für die fehlgeschlagene theoretische Konsolidierung) liegt meines Erachtens in einer unbemerkt gebliebenen Lücke des Gesetzes. Hier sehe ich den Schlüssel zur Lösung des Problems. Ich bin mir bewußt, daß der Durchführung im einzelnen manche Unzulänglichkeit anhaftet. Was indes den Grundgedanken betrifft, so bin ich nach wie vor von seiner Richtigkeit überzeugt.

Ein persönliches Wort gilt meinem Assistenten, Assessor Wolfgang Krüger. Seine kompetente, nie versiegende Bereitschaft, sich auf Diskussionen einzulassen, hat zur Entstehung der Arbeit nicht unmaßgeblich beigetragen.

Ich widme die Schrift dem Gedenken an meine Mutter.

Münster/Westfalen, im Februar 1978   B. K.

Inhaltsverzeichnis

I. Einleitung	11
II. Kritik	14
1. Die neuere Lehre	14
2. Die ältere Lehre	17
III. Lösungsvorschlag: Analogie	19
1. Anweisungslage und Befreiung (Erfüllung)	19
2. Anweisungslage und Kondiktion	21
3. Ergebnisse	26
4. Anwendung des Gesetzes	28
5. Gesetzeslücke	29
IV. Diskussion der vorgeschlagenen Lösung	32
1. Die ältere Lehre	32
2. Wilburg, Esser	34
3. v. Caemmerer, Larenz	37
4. Canaris	42
5. Wilhelm, Jhering	45
6. Ergebnisse	53
V. Zusammenfassung und Folgerungen	55
1. Die Handhabung des vorgeschlagenen Konzepts	55
2. Der Leistungsbegriff: Gegenstand der Leistung	57
3. Der Leistungsbegriff: Einteilung (divisio)	58
4. Das Tatbestandsmerkmal „ohne rechtlichen Grund"	61
5. Die Systematik der herrschenden Lehre; Kritik	62
6. Die „Unmittelbarkeit der Vermögensverschiebung"	67

VI. Einzelfragen ... 68

1. Vorbemerkung ... 68
2. Fehlende Anweisungslage ... 68
3. Anweisungslage: Mängel der Anweisung ... 73
4. Anweisungslage: Mängel der Leistungsbeziehung ... 79
5. Anweisungslage: Mängel der Kausalbeziehungen ... 81
6. Anweisunganlage: Angenommene Anweisung ... 82
7. Zession ... 83
8. Leistung auf fremde Schuld ... 85
9. Bereicherung durch Leistung oder in sonstiger Weise? ... 95
10. Echter Vertrag zugunsten Dritter ... 100

Sachregister ... 106

Abkürzungen (Literatur)

Canaris	Canaris, C. W., Der Bereicherungsausgleich im Dreipersonenverhältnis, Festschrift Larenz, 1973, S. 799.
v. Caemmerer, Bereicherung	Caemmerer, E. v., Bereicherung und unerlaubte Handlung, Festschrift Rabel I, 1954, S. 333 = Ges. Schr. I, 1968, S. 209.
v. Caemmerer, Bereicherungsansprüche	Caemmerer, E. v., Bereicherungsansprüche und Drittbeziehungen, JZ 1962, 385 = Ges.Schr. I, 1968, S. 321.
v. Caemmerer, Irrtüml. Zahlung	Caemmerer, E. v., Irrtümliche Zahlung fremder Schulden, Festschrift Dölle I, 1963, S. 135 = Ges. Schr. I, 1968, S. 336.
Esser	Esser, J., Schuldrecht II, Bes.Teil, 4. Aufl. 1971 (soweit nicht auf die 2. Aufl. 1960 Bezug genommen wird).
Hadding	Hadding, W., Der Bereicherungsausgleich beim Vertrag zu Rechten Dritter, 1970.
Jakobs	Jakobs, H. H., Eingriffserwerb und Vermögensverschiebung, 1964.
Köndgen	Köndgen, J., Wandlungen im Bereicherungsrecht, Josef Esser zum 65. Geburtstag, 1975, S. 55.
Koppensteiner / Kramer	Koppensteiner, H.-G. und Kramer, E. A., Ungerechtfertigte Bereicherung, 1975.
Larenz	Larenz, K., Lehrbuch des Schuldrechts, 2. Bd., Bes.Teil, 11. Aufl. 1977 (soweit nicht auf die 9. Aufl. 1968, die 10. Aufl. 1972 Bezug genommen wird).
Medicus	Medicus, D., Bürgerliches Recht, 7. Aufl. 1975.
Reeb	Reeb, H., Grundprobleme des Bereicherungsrechts, 1975.
Wilburg	Wilburg, W., Die Lehre von der ungerechtfertigten Bereicherung nach österreichischem und deutschem Recht, 1934.
Wilhelm	Wilhelm, J., Rechtsverletzung und Vermögensentscheidung als Grundlagen und Grenzen des Anspruchs aus ungerechtfertigter Bereicherung, 1973.

Einleitung

1. Unbehagen über die heutige Lage der Bereicherungsdogmatik ist in jüngster Zeit verschiedentlich laut geworden. Zumal die moderne Systematik der Leistungskondiktion und der ihr zugrunde liegende Leistungsbegriff[1] sind in das Schußfeld der Kritik geraten. Solche Kritik kommt allerdings eher überraschend, bedenkt man den auch die höchstrichterliche Rechtsprechung längst einschließenden Siegeszug der auf *Wilburg* zurückgehenden Lehre. Charakteristisch sind zwei Äußerungen *Larenz'*. Während in der 10. Auflage des Besonderen Schuldrechts, mit welcher Auflage *Larenz* sich als einer der Letzten den neuen Thesen über die Leistungskondiktion angeschlossen hatte, zuversichtlich noch davon die Rede war, es gelte „die Diskrepanz zu beseitigen, die dadurch allmählich entstanden war, daß ich die Konsequenzen der neueren Lehre größtenteils übernommen, an den damit aber nicht mehr harmonisierenden Ausgangspositionen jedoch noch festgehalten hatte", wird das Bereicherungsrecht in der 11. Auflage als ein selbst für erfahrene Juristen schwer zu durchdringendes „Dickicht", als eine „der undurchsichtigsten Materien unseres Privatrechts" bezeichnet, bei der die „Grundlinien der Regelung im Ungewissen verschwimmen", so daß „man sich fragen muß, ob der Ertrag noch den Aufwand lohnt"[2]. Wir gehen vermutlich nicht fehl, wenn wir diesen Sinneswandel nicht zuletzt auf eine andere kritische Stimme zurückführen, nämlich auf die vehementen Angriffe, mit denen zwischenzeitlich *Canaris* die Theorie der Leistungskondiktion aufs Korn genommen und deren Ungereimtheiten und Widersprüche (von *Larenz* „Kontroversen" genannt) am „Testfall" der Dreieckskonstellation aufgezeigt hat.

Bemerkenswert ist an dieser ablehnenden (oder doch skeptischen) Haltung, daß sie der modernen Lehre mehr oder weniger die Gefolgschaft verweigert, gleichwohl eine Revision des Leistungsbegriffs nicht ins Auge faßt. Bei *Canaris* wird das spätestens dort deutlich, wo er den „Abschied vom Leistungsbegriff" fordert. Die Mängel der Bereicherungsdogmatik „durch eine bessere Fassung des Leistungsbegriffs zu überwinden", würde nach *Canaris* „voraussetzen, daß dieser überhaupt der geeignete Ansatzpunkt für die Lösung der Problematik ist. Das ist indessen nicht der Fall." *Canaris* zieht daraus die Folgerung, „auf

---

[1] Zur Definition unten II 1 am Anfang.
[2] Siehe *Larenz*, 10. Aufl., Vorwort; 11. Aufl., Vorwort und S. 466.

die Argumentation mit Hilfe des Leistungsbegriffs" zu verzichten und „auf die einschlägigen Wertungsgesichtspunkte unmittelbar zurückzugreifen"[3]. Setzt man diese Aussagen in Beziehung zu *Canaris'* Kritik konkreter Probleme, so lassen sie sich dahin präzisieren: *Canaris* hält den Leistungsbegriff an sich für korrekt; nur daß mit seiner Hilfe gerechte Entscheidungen getroffen werden können, bestreitet er — ein meines Erachtens überraschend zwielichtiges Ergebnis, das mir auch nicht dadurch erhellt wird, daß ein Methodiker wie *Larenz Canaris* sekundiert und für den Leistungsbegriff als einen „Ordnungsbegriff" plädiert[4]; denn ich vermag die Ordnung nicht zu erkennen, die ein Begriff stiftet, der sich auf dem Prüfstand als untauglich erweist. Offener, wenn auch nicht problembewußter, sprechen das Dilemma *Koppensteiner / Kramer* an: „Der Leistungsbegriff der herrschenden Lehre ist, richtig verstanden, lediglich ein konstruktives ex post-Kürzel für alle diejenigen teleologischen Erwägungen, die für die Determinierung der Parteien des Kondiktionsverhältnisses maßgebend sind, und hat daneben keine eigenständig erklärende Bedeutung." Das heißt für diese Autoren „in letzter Konsequenz", daß eine Leistung im bereicherungsrechtlichen Sinn dort vorliegt, wo teleologisch Argumente für eine Kondiktion gefunden werden können. Besser läßt sich die absolute Wertlosigkeit des Leistungsbegriffs nicht dartun — objektiv gesehen; preisen doch *Koppensteiner / Kramer* an anderer Stelle wieder die „Berechtigung" des Leistungsbegriffs[5].

2. Meiner Meinung nach ist der moderne Leistungsbegriff als Basis eines Systems der Leistungskondiktionen von Grund auf verfehlt[6]. Von diesem Konzept gilt es radikal Abschied zu nehmen, um der methodischen Klarheit wie der Sachgerechtigkeit willen, was in meinen Augen beides nicht zu trennen ist. Worum es geht, ist die (Rück-)Gewinnung eines Gefüges verschiedener Leistungsbegriffe als einer dem Gebot juristischer Ökonomie und Effizienz verpflichteten Ordnung. Das Problem, welches den Schlüssel dazu an die Hand gibt, reicht freilich über die Aufgabe einer solchen Einteilung (divisio) hinaus. Es ist historisch mit der Problematik des Drei-Personen-Verhältnisses, zumal der Anweisungslage verbunden, bei deren Bewältigung die Rechtsanwendung unter der Herrschaft des BGB auf besondere Schwierigkeiten gestoßen ist. Deshalb steht im Mittelpunkt auch der folgenden Ausführungen die Anweisung (Anweisung im weitesten Sinne verstanden).

---

[3] *Canaris* 857, 858 f., 859.

[4] 11. Aufl. S. 467.

[5] *Koppensteiner / Kramer* 46 und 62, beide Male zur angenommenen Anweisung, was zudem widersprüchlich sein dürfte.

[6] Ganz anders neuestens *Wacke*, Vorzüge und Nachteile des deutschen Bereicherungsrechts, in: Beiträge zum deutschen und israelischen Privatrecht, Neue Kölner Rechtswissenschaftl. Abhandl., Heft 81, 1977, S. 131, 139, 149 und

I. Einleitung

Bei allen Überlegungen wird, soweit anderes sich aus dem Zusammenhang nicht ergibt, als Grundmuster der Fall vorausgesetzt, daß sich die Anweisung (Weisung) auf eine Vermögensverschiebung, eine datio (Zahlung, Lieferung) des Angewiesenen an den Anweisungsempfänger bezieht[7], auf Schuld lautet und dem Anweisenden seinerseits zur Erfüllung einer Verbindlichkeit dem Anweisungsempfänger gegenüber dient[8]. Ich gehe weiter davon aus, daß die Lösung der Anweisungsproblematik wertungsmäßig auf die Regelung der sogenannten Bereicherungs- oder Veräußerungskette zu beziehen ist. Ich nenne dabei A den Angewiesenen oder das erste Glied der Veräußerungskette, B den Anweisenden oder das zweite Glied der Veräußerungskette, C den Anweisungsempfänger oder das dritte Glied der Veräußerungskette. Für die Veräußerungskette lege ich als aus dem Abstraktionsprinzip folgende Arbeitshypothese zugrunde, daß bei fehlerhaftem Grundverhältnis A-B A nur von B kondizieren kann und nicht von C, und daß bei Unwirksamkeit auch des Grundverhältnisses B-C A wiederum nur von B kondizieren kann und B seinerseits von C[9].

Vorausgeschickt sei schließlich, daß es materiell-rechtlich primär darum geht, die wertungsmäßige Folgerichtigkeit von Lösungen, die sich aufgrund eines richtig empfundenen Sachzwangs langsam durchzusetzen beginnen, methodisch zu überprüfen und einsichtig zu machen, das heißt: sie auf ein adäquates dogmatisches Konzept der maßgeblichen Ausgangs- oder Leitwertungen zurückzuführen. Daß der Mangel eines solchen Konzepts die crux des derzeitigen Bereicherungsrechts ist, scheint mir nicht zweifelhaft zu sein. Ebensowenig, daß dieser Mangel entscheidungserhebliche Gesichtspunkte verzerren oder gar verdunkeln kann. Es versteht sich daher von selbst, daß mit der Einsicht in wertungsmäßige Fehlentwicklungen auch die Korrektur traditioneller Lösungen verbunden ist[10].

---

passim. Nach *Wacke* enthält der „technisch hochstilisierte Leistungsbegriff in Kurzfassung" die für die Anweisungslage maßgeblichen Wertungsgesichtspunkte und ist kodifikationsreif. Dazu im folgenden, passim.

[7] Ein dare im Unterschied also zu einem facere oder Unterlassen. Siehe noch unten V 2.

[8] Im wesentlichen nicht hierher gehören, wie sich aus dem Folgenden ergibt, die Anweisungsfälle, in denen ein sog. Geheißerwerb des Anweisenden bzw. des Anweisungsempfängers angenommen wird. Vgl. dazu nur *Medicus* Rdn. 671 und *Lopau*, JuS 1975, 773, 774.

[9] Dazu *Canaris* 804 und passim; *Wilhelm*, AcP 175, 304, 311. Siehe aber auch unten III 5.

[10] Meinem Gesamtprogramm entsprechend brauche ich auf die immense Literatur und die zum Teil ungewöhnlich verwickelten Gedankengänge nur stichprobenhaft soweit einzugehen, wie es für die Kritik und die Entwicklung der eigenen Thesen erforderlich erscheint.

II. Kritik

1. Die neuere Lehre

Eingebürgert hat sich für den bereicherungsrechtlichen Leistungsbegriff der modernen Lehre die Definition: (bewußte) zweckgerichtete Vermehrung fremden Vermögens[11]. Kennzeichnend ist damit für den Begriff einmal der Verzicht auf das Erfordernis einer Vermögensverschiebung und, insoweit „Leistung" ein gesetzliches Tatbestandsmerkmal ist, der Verzicht auf eine Vermögensverschiebung als Tatbestandselement[12]. Zu diesem Charakteristikum des Leistungsbegriffs gesellt sich als weiteres Merkmal die Zweckbezogenheit. Sie zumal soll den Leistungsbegriff befähigen, in den praktisch wichtigen Dreiecksfällen die Frage zu beantworten, welche Personen Parteien der Leistungskondiktion sind: diejenigen, zwischen denen ein Leistungszweck verfolgt, aber nicht erreicht worden ist[13]. Bei der Anweisung sieht das so aus:

Mit der Zahlung (Vermögensverschiebung) von A an C werden zwei Leistungen bewirkt: eine Leistung von A an B und eine Leistung von B an C; denn nur in diesen Beziehungen werden Leistungszwecke (Leistung solvendi causa) verfolgt. Die Zahlung von A an C entbehrt eines Leistungszwecks zwischen diesen Personen und ist deshalb nicht als Leistung im bereicherungsrechtlichen Sinn anzusehen[14]. Daraus ergibt sich für den Fall des nichtigen Deckungsverhältnisses, daß A nur von B, für den Fall des nichtigen Valutaverhältnisses, daß nur B von C kondizieren kann, da lediglich insoweit ein intendierter Leistungszweck fehlgeschlagen ist. Liegt ein sog. Doppelmangel vor, dann ordnet der Leistungsbegriff die bereicherungsrechtliche Abwicklung wie folgt: Kondiktion des A gegen B und des B gegen C — ein anscheinend ebenso folgerichtiges wie erwünschtes Ergebnis[15].

---

[11] Statt aller *Esser* 339 und *Larenz* 466 mit Fußn. 4.

[12] Besonders klar *Hadding* 6 (mit Belegen); vgl. ferner *Esser* 340; *Koppensteiner / Kramer* 25 f. (auch 95) und im folgenden.

[13] Dazu nur *Esser* 339 f.; *Hadding* 6; *Koppensteiner / Kramer* 26 f.; BGHZ 58, 184, 188. Das Konditionsverhältnis wird also qua Leistungsverhältnis und dieses subjektiv, durch die Parteien bestimmt. Siehe im folgenden.

[14] „Farblose Zuwendung", *Lorenz*, JZ 1968, 51, 53 r. Sp. Vgl. aber auch *Beuthin*, JZ 1968, 323, 324; *Esser* 338; ferner *Larenz* 469 Fußn. 1: Auch im Hinblick auf die Leistung wird von Zuwendung gesprochen. Zu *Beuthin* noch unten Fußn. 91.

[15] Vorstehend wiederum nur *Esser* 345, 347. Zum Merkmal der Vermögensmehrung siehe alsbald nach Fußn. 21.

1. Die neuere Lehre

So effizient sich der Leistungsbegriff hier ausnimmt — der Eindruck verflüchtigt sich schnell, wenn wir uns der angenommenen Anweisung (§ 784 BGB) oder dem berechtigenden Vertrag zugunsten Dritter (§ 328 BGB) zuwenden. In diesen Fällen haben der Anweisungsempfänger (C) und der Dritte (D) ein eigenes Forderungsrecht gegen den Angewiesenen (A) bzw. gegen den Versprechenden (V), so daß auch die Vermögensverschiebung A-C bzw. V-D selbst eine Leistung darstellt. Sie bewirkt damit, wie man sagt, nach drei Richtungen hin Leistungen[16]. Für den Vertrag zugunsten Dritter hat *Hadding* die bereicherungsrechtlichen Konsequenzen bei Doppelmangel gezogen: V kann sowohl von D wie vom Versprechensempfänger (VE) kondizieren und D sieht sich einer Kondiktion des V wie des VE ausgesetzt[17]. Wenn *Eike Schmidt* als engagierter Verfechter der neueren Lehre gegen diese mißliche Vermehrung der Kondiktionen die unerschütterliche Überlegenheit einer Art höherer Jurisprudenz der Leistungskondiktion zu mobilisieren sucht („Schafft hier das Recht mehr Werte, als tatsächlich vorhanden sind?") und eine Leistung im Verhältnis V-D bezweifelt („Der bloße Hinweis auf die Forderungsposition des D reicht dazu wohl nicht aus.")[18], dann berührt er damit in Wahrheit nicht nur, wie wir noch sehen werden[19], einen besonders wunden Punkt der modernen Theorie überhaupt, sondern spricht auch, was jetzt schon zu erkennen ist, dem Leistungsbegriff in derselben Weise das Urteil, wie wir es bei *Koppensteiner / Kramer* gesehen haben[20]. Nichts anderes gilt etwa auch für *Peters*, der dem Schluß, daß V sowohl an VE wie an D geleistet habe, mit der Wertung begegnen will, daß für „V jeweils nur e i n Anspruchsgegner zur Verfügung stehen" darf und daß folglich nur eine Leistung erbracht worden sein kann[21].

Doch kehren wir zum einfachen Fall der Anweisung zurück, der oben so einleuchtend erschien, und prüfen wir den Leistungsbegriff auf das Merkmal der Vermögensvermehrung. Was hat zum Beispiel B qua Vermögensvermehrung durch Leistung des A erlangt, wenn das Deckungsverhältnis unwirksam ist? Nach nahezu einhelliger Meinung ist es die Befreiung von der Verbindlichkeit gegenüber C, die B erlangt hat, eine

---

[16] *Erman / H. P. Westermann*, BGB, 6. Aufl. 1975, § 812 Rdz. 33; *Lorenz*, JuS 1968, 441, 444 l. Sp.; *Koppensteiner / Kramer* 45. Vgl. auch die Angaben in der folgenden Fußn.

[17] *Hadding* 140 ff., 147 ff., 157 (Zusammenfassung). Ihm folgend *Fikentscher*, Schuldrecht, 6. Aufl. 1976, S. 153 f.

[18] JZ 1971, 601, 603 r. Sp. Vgl. auch *Esser* 345 f. Nach *Esser* bestehen zwischen A (V) und C (D) nicht einmal Schuldbeziehungen. Dazu *Larenz* 488 Fußn. 3.

[19] Unten III.

[20] Oben bei Fußn. 5.

[21] AcP 173, 71, 76, 80 f. Zustimmend *Larenz* 488. Zur Kritik an der h. L. im übrigen noch *Canaris* 805, 829.

Meinung, die selbst von einem so kritisch eingestellten Autor wie *Canaris* als „sicher bereicherungsrechtlich folgerichtig" geteilt wird[22]. Leidet auch das Valutaverhältnis Not, dann soll das von B Erlangte in seinem Kondiktionsanspruch gegen C liegen[23]. Das ist nach dem vorigen zu erwarten. Zu erwarten wäre aber auch eine Erklärung dafür, daß im Kondiktionsverhältnis A-B das von B Erlangte nach seiner Beziehung zu C, also zu einem Dritten bestimmt wird. Soweit ich sehe, hat sich bisher niemand mit der Frage befaßt. Handelt es sich um ein unmaßgebliches, keiner Erwähnung bedürftiges Randproblem, das aus der Verzahnung beim Dreiecksverhältnis folgt, oder liegt hier ein eklatanter Verstoß gegen den unsere Rechtsordnung beherrschenden Grundsatz von der Relativität des Schuldverhältnisses vor, der — unbewußt oder bewußt — deshalb mit Schweigen übergangen wird, weil die Lehre von der Leistungskondiktion eine überzeugende Erklärung schuldig bleiben muß? Meiner Meinung nach kann nicht zweifelhaft sein, in welcher Richtung die zutreffende Antwort zu suchen ist. Ergänzend sei ins Bewußtsein gehoben, daß eine angeblich so fortschrittliche Doktrin den Zusammenhang zwischen Leistungszweck und Erlangtem in einer Weise konstruiert, die die viel (und meist zu Unrecht) geschmähte Begriffsjurisprudenz weit in den Schatten stellt. Leistung, so heißt es, ist die zweckgerichtete Vermehrung fremden Vermögens. Also war die Leistung des A an B auf die Befreiung des B von der Verbindlichkeit C gegenüber gerichtet oder gar darauf, dem B eine Kondiktion gegen C zu verschaffen?[24] Natürlich nicht (was kann der Angewiesene, der doch die Befreiung von seiner eigenen Verbindlichkeit B gegenüber bezweckt, in der Regel über das Valutaverhältnis wissen?), und so wird denn, wiederum wie selbstverständlich, aus nicht zusammen gehörenden Elementen die Konkretisierung des Leistungsbegriffs bewältigt: die Zweckbestimmung (und damit das Leistungsverhältnis) dem Verhältnis A-B entnommen, die Vermögensvermehrung dem Verhältnis B-C, und beides mit der alles und nichts besagenden Vokabel „mittelbar" anscheinend befriedigend miteinander verbunden[25]. Nicht weniger hybride ist die Fundierung der Leistungskondiktion überhaupt. Aus dem Tatbestand der Kondiktionen von A gegen B und von B gegen C ist die Vermögensverschiebung von A an C verbannt[26]. Und doch bedarf man

---

[22] *Canaris* 809, mit weiteren Belegen. Siehe außerdem *Koppensteiner / Kramer* 40; *Larenz* 469.

[23] Besonders engagiert wieder *Canaris* 811, 812 ff.

[24] Vgl. etwa *Larenz* 466: Eine Vermögensvermehrung ist durch die Leistung eines andern erlangt, „wenn sie auf dem Tun eines andern beruht, das darauf gerichtet ist, dem Empfänger irgendeinen Vermögensvorteil... zuzuwenden..."

[25] Siehe die Konstruktion bei *Hadding* 4; *Reeb* 25. Vgl. ferner *Lorenz*, JZ 1968, 51, 53 r. Sp.; JuS 1968, 441, 448 r. Sp.

[26] Oben bei Fußn. 12. Nach *Esser* 340 setzt die Leistungskondiktion „tat-

ihrer; soll sie doch die Leistung von A an B und von B an C bewirken (siehe oben).

Diese, auf das Herzstück der modernen Bereicherungslehre zielende Kritik schärft den Blick für weitere Ungereimtheiten. Ihre Explizierung lohnt aber den Aufwand nicht. Nur eine Frage sei noch herausgegriffen. Liegt bei nichtigem Deckungsverhältnis im Valutaverhältnis Schenkung vor, so wird man daran denken, A in Analogie zu § 822 BGB einen direkten Anspruch gegen C zu geben. Das ist etwa auch die Meinung *Essers*[27]. Mit dem nicht zuletzt von *Esser* favorisierten Leistungsbegriff läßt sich die analoge Anwendung des § 822 BGB aber nicht begründen. Die Vorschrift setzt voraus, daß B seinerseits einmal Bereicherungsschuldner des A gewesen ist. Diese Qualifikation kann der Leistungsbegriff nicht erbringen, weil B (auch) im Verhältnis zu C nichts erlangt hat. Daran müßte die Anwendung des § 822 BGB scheitern[28]. Die gegenteilige Ansicht *Essers* zeigt, wie wenig ernst auch hier der Leistungsbegriff als Indikator für ein Kondiktionsverhältnis genommen wird.

2. Die ältere Lehre

Der, wie mir scheint, irreparable Defekt, der bei der Anwendung des modernen Leistungsbegriffs auf die Anweisungskonstellation zutage tritt, stellt, was weniger überraschend ist als es klingt, nur ein Erbteil der älteren Lehre dar, die hier mit der Formel operierte: Unmittelbarkeit der Vermögensverschiebung durch mittelbare Zuwendung[29]. Ausdrücken wollte man damit das Postulat, daß ein und derselbe Vorgang (mittelbare Zuwendung) sowohl den Nachteil des Kondiktionsgläubigers wie den Vorteil des Kondiktionsschuldners hervorgerufen haben mußte, was dann als Vermögensverschiebung zwischen diesen Personen qualifiziert wurde. Das bedeutete bei defektem Deckungsverhältnis: Durch die Zahlung von A an C (= mittelbare Zuwendung) war A entreichert, gleichzeitig B bereichert — weil er von seiner Verbindlichkeit C gegenüber befreit worden war[30]. Wir stoßen hier auf eine perfekte Entsprechung zu den soeben gerügten Mängeln der modernen Leistungskondiktion. Ja, die ältere Lehre ist noch inniger diesen Mängeln verhaftet, weil sie entgegen der heutigen Auffassung eine Entreiche-

---

bestandsmäßig nur voraus, daß der Kläger darlegt und beweist, zwischen ihm und dem Beklagten bestehe ein Leistungsverhältnis, auf Grund dessen dieser etwas erlangt habe, obwohl der Leistungszweck verfehlt worden bzw. weggefallen sei".

[27] 345.
[28] Vgl. *H. P. Westermann*, Die causa im franz. und deutschen Zivilrecht, 1967, S. 197; *Hadding* 52.
[29] *Enneccerus / Lehmann*, Recht der Schuldverhältnisse, 15. Bearbeitung 1958, S. 880; *Larenz*, 9. Aufl. S. 374.
[30] *Enneccerus / Lehmann* 881; *Larenz*, 9. Aufl. S. 376.

rung des Gläubigers verlangte und diese in der Person des B (wenn also eine Kondiktion von B gegen C in Frage stand) nach dem Verhältnis von B zu A bestimmte: Verlust der Forderung gegen A. Infolgedessen wäre es ihr beim Doppelmangel, wo die Entreicherung des B folgerichtig in der Kondiktion von A gegen B bestehen mußte, nur um den Preis eines Zirkelschlusses möglich gewesen, den angestrebten Ausschluß einer Kondiktion von A gegen C anzunehmen: Kondizieren könnte B von C, wenn B seinerseits einer Kondiktion des A ausgesetzt wäre (Nachteil des B); B ist aber dann einer Kondiktion des A ausgesetzt, wenn er eine Kondiktion gegen C hat (Vorteil des B)[31]. Bei allem war die ältere Lehre blind dafür, daß ihre Auffassung einer Vermögensverschiebung von A an B und von B an C rein verbal war[32]. Insofern hat die neuere Lehre eine zutreffende Korrektur gebracht, wenn sie als Vermögensverschiebung nur die Zahlung von A an C ansieht. Daß sie gleichwohl die Insuffizienzen der älteren Lehre nicht überwunden hat, liegt daran, daß sie zwar eine Vermögensverschiebung von A an B verneint, nicht aber eine Vermögensvermehrung des B, die zudem durch Leistung von A an B bewirkt sein soll, und daß sie die Vermögensvermehrung des C auf eine Leistung von B an C zurückführt. Das ist nachstehend im einzelnen zu erläutern.

---

[31] Vgl. *Larenz*, 9. Aufl. S. 376 und Fußn. 1. *Larenz* plädiert folgerichtig für einen Durchgriff von A gegen C. Wenn *Enneccerus / Lehmann* 881 Fußn. 12 den Durchgriff als „zweifellos inkonsequent" bezeichnen, so stellen sie bei den gegebenen Prämissen die wahre Sachlage auf den Kopf. Der Grund für den im Text formulierten Zirkelschluß liegt darin, daß „Entreicherung" und „Bereicherung" des B nur verschiedene Rechtsfolgen eines teilweise identischen Tatbestands sind und deswegen nicht wechselseitig als Tatbestandselemente verwendet werden können. Siehe im folgenden, insbes. IV 1.

[32] Zutreffende Kritik auch bei *Jakobs* 159. Die neuere Lehre erkennt richtig, daß sich eine Vermögensverschiebung nur zwischen A und C vollzogen hat, sie verfehlt aber, wie sich gerade auch an *Jakobs* zeigt (eine Vermögensverschiebung sei „für die Leistungskondiktion überhaupt nicht erforderlich"), die tatbestandsmäßige Bedeutung der Vermögensverschiebung A—C für, beispielsweise, eine Kondiktion des A gegen B. Zu allem im folgenden.

III. Lösungsvorschlag: Analogie

1. Anweisungslage und Befreiung (Erfüllung)

Für die meines Erachtens zutreffende Auffassung der Leistungskondiktion im Anweisungsfall müssen wir die Bereicherungsproblematik für einen Augenblick beiseite lassen und auf Fragen der Erfüllung eingehen. An gesetzlichen Orientierungspunkten stehen uns dabei die Rechtsgedanken der §§ 362 Abs. 2, 267 BGB zur Verfügung.

Wenn im Anweisungsfall A an C zahlt, dann sind die Rechtsfolgen der Zahlung nicht zweifelhaft: A ist von seiner Verbindlichkeit B gegenüber frei geworden, B von seiner Verbindlichkeit gegenüber C, obwohl der Schuldner A nicht an seinen Gläubiger B gezahlt und der Gläubiger C die ihm geschuldete Zahlung nicht von seinem Schuldner B empfangen hat. Die rechtliche Regelung erscheint aber gerechtfertigt, weil der Gläubiger B die Zahlung seines Schuldners A an C veranlaßt hat[33] und weil der Gläubiger C in der Regel kein schutzwürdiges Interesse daran hat, die ihm geschuldete Zahlung gerade von seinem Schuldner B zu bekommen[34]. Die Konstellation bei der Anweisung ist nicht anders zu beurteilen als der Fall, daß A an B zahlt und B an C.

Schwerlich wird jemand auf den Gedanken kommen, mit Rücksicht auf den Satz, daß der Schuldner befreit wird, wenn er die geschuldete Leistung an den Gläubiger bewirkt (vgl. § 362 Abs. 1 BGB), anzunehmen, A habe zwar an C gezahlt, aber nicht geleistet; durch die Zahlung von A an C sei vielmehr von A an B und von B an C geleistet worden und dieses Leistungsverhältnis gelte es nun näher zu bestimmen. Natürlich ist die Zahlung von A an C eine Leistung, und zwar die einzige Leistung in dieser Fallkonstellation überhaupt, mit der Besonderheit indessen, daß Leistungsrichtung und Richtung der an die Leistung sich knüpfenden Rechtsfolgen auseinanderfallen. Mit der anweisungsgemäßen Leistung von A an C verbindet sich für A die Rechtsfolge der Befreiung in seinem Verhältnis zu B; verbindet sich für B dieselbe Rechtsfolge in seinem Verhältnis zu C. Mit anderen Worten: Die Leistung erfolgt zwischen A und C. Die Rechtsfolgen hingegen sollen zwischen A und B und B und C eintreten.

---

[33] Es macht sachlich keinen Unterschied, ob der Gläubiger B den Dritten C zum Empfang ermächtigt (§ 362 Abs. 2 in Verb. mit § 185 BGB) oder den Schuldner A zur Zahlung an den Dritten C. Vgl. *Larenz*, Schuldrecht, Allgem. Teil, 11. Aufl. 1976, S. 192 ff.

[34] § 267 Abs. 1 BGB.

III. Lösungsvorschlag

Eine andere Auffassung der Zahlung von A an C denn als Leistung würde nicht nur mit dem Wortlaut des Gesetzes kollidieren[35], sondern auch ein wesentliches Instrument der Rechtsanwendung übersehen, was in casu zu erkennen das Faktum der Kodifikation allerdings erschwert. Es ist daran zu erinnern, daß sich die Regelung (zumal) des § 362 Abs. 2 BGB als (positivierte) Analogie beschreiben läßt, als Übertragung also der für einen Tatbestand y gegebenen Rechtsfolge auf einen Tatbestand x, auf einen Tatbestand, der dieselbe Rechtsfolge wie diejenige des Tatbestands y rechtfertigt, ohne doch dieselben Tatbestandsmerkmale aufzuweisen. Tatbestand y wäre im vorstehenden Zusammenhang die Leistung des Schuldners (A) an den Gläubiger (B) mit der Rechtsfolge, daß der Schuldner befreit wird (vgl. § 362 Abs. 1 BGB). Tatbestand x ist unser Anweisungsfall, ist die Leistung des Schuldners (A) an einen Dritten (C) auf Weisung des Gläubigers (B). Für diesen Tatbestand gilt dieselbe Rechtsfolge wie für den Tatbestand y: Befreiung des Schuldners (A). Aus schulmäßiger Sicht[36] ist die Analogie gerechtfertigt, weil wir als ratio legis der Norm y erkennen, daß der Schuldner die geschuldete Leistung dem Gläubiger zur Verfügung stellen muß, unter welchem Aspekt es keinen Unterschied machen kann, ob der Schuldner dem Gläubiger selbst die Leistung erbringt (so daß dieser über die Leistung disponieren kann) oder mit dessen Einverständnis an einen Dritten.

Als Analogie läßt sich auch die Regelung im Verhältnis B-C formulieren. Tatbestand y wäre die Leistung (Zahlung) des B an C mit der Rechtsfolge der Befreiung des B. Tatbestand x, unser Fall, ist die Leistung von A an C, mit welcher Leistung B die Erfüllung seiner Verbindlichkeit C gegenüber bezweckt (was sich aus der Weisung an A auf Zahlung an C ergibt). Für diesen Tatbestand gilt dieselbe Rechtsfolge wie für den Tatbestand y: Befreiung des B. Hier ist die Analogie deshalb begründet, weil der Gläubiger die geschuldete Leistung erhält und es nach Sachlage (keine höchstpersönliche Leistung) für unerheblich angesehen werden muß, ob er sie vom Schuldner selbst oder von einem Dritten erhält.

Diese analogen Zusammenhänge lassen sich in der traditionellen Sprache der Analogie viel einfacher beschreiben: Der Anweisungsfall ist rechtlich so zu beurteilen, *als habe A an B und B an C gezahlt*[37]. Doch ist uns für das Folgende die detaillierte Explikation der Analogie aus verschiedenen Gründen besonders wichtig.

---

[35] Siehe §§ 362 Abs. 2, 267 Abs. 1 BGB.
[36] Statt aller *Larenz*, Methodenlehre, 3. Aufl. 1975, S. 366 ff.
[37] Vgl. zu § 362 Abs. 2 BGB etwa Paulus Dig. 50, 17, 180; Quod iussu alterius solvitur, pro eo est, *quasi ipsi solutum esset*. Und zu § 267 BGB *Larenz* 480: „Durch Bewirkung der Leistung seitens des Dritten wird der Schuldner von seiner Schuld ebenso frei, *wie wenn er selbst geleistet hätte*." Hervorhebungen von mir.

Einmal werden Formulierungen wie die soeben mitgeteilte von ihren Urhebern wie von ihren Adressaten in ihrem Gehalt nicht immer zutreffend erfaßt. 2. stellt die Erläuterung unmißverständlich klar, daß zwischen A und B, zwischen B und C die Rechtsfolge einer Leistung (Befreiung) gilt, ohne daß zwischen diesen Personen der Tatbestand einer Leistung vorliegt; ein solcher ist nur im Verhältnis A-C gegeben. Das für eine Analogie u. a. charakteristische Moment der Unähnlichkeit der verglichenen Tatbestände besteht hier gerade darin, daß weder A an B geleistet hat noch B an C. 3. soll die eminent wichtige Rolle erkennbar werden, die der Weisung des B auf Leistung an C für den Eintritt der Rechtsfolgen zukommt. 4. wird es einleuchten, daß diese Rechtsfolgen grundsätzlich nur gelten, wenn die Leistung von A an C wirksam ist. Bleibt A Eigentümer, weil die Eigentumsübertragung unwirksam ist, so können weder B noch C ihre Forderungen verloren haben. 5. schließlich ist ein Umstand von Bedeutung, der mit dem unter 2. Gesagten eng zusammenhängt. Wenn einzig und allein im Verhältnis A-C eine Leistung vorliegt, dann hat sich insoweit auch nur in diesem Verhältnis eine Wertbewegung vollzogen. Anders formuliert: Das konkret von A an C Gezahlte hat nicht einmal seinem Wert nach jemals zum Vermögen des B gehört. Es ist das dem Anweisungsfall Eigentümliche, daß B seinen Anspruch gegen A qua Erfüllung verliert, ohne selbst die Leistung, auf die der Anspruch gerichtet war, zu bekommen. Für B ist das dadurch kompensiert, daß er von seiner Verpflichtung C gegenüber frei wird. Doch ist auch diese Rechtsfolge wiederum nicht Ausdruck einer Wertbewegung zwischen A und B. Sie reflektiert nur die Wertbewegung zwischen A und C im Verhältnis B-C. Der Anweisende B wird von seiner Verpflichtung C gegenüber frei, obwohl C das Empfangene nicht aus dem Vermögen des B, sondern aus dem des A (geleistet) bekommen hat[38]. Eine andere Auffassung würde die ökonomische Funktion der Anweisung verkennen: daß mit *einer* (anweisungsmäßigen) Wertbewegung Rechtsfolgen nach *zwei* Richtungen hin erreicht werden.

2. Anweisungslage und Kondiktion

Kehren wir zu den bereicherungsrechtlichen Aspekten des Anweisungsfalles zurück. Wenn ich es richtig sehe, dann ist mit den Überlegungen zur Erfüllung ein Schritt getan, der gleichsam spiegelbildlich die Problematik der Leistungskondiktion erhellen kann[39].

---

[38] Die Leistung von A an C wird A bei B gutgeschrieben, *wie* eine Leistung von A an B verbucht, wird B bei C gutgeschrieben, *wie* eine Leistung von B an C verbucht. Das heißt aber, daß B die Leistung nicht bekommen hat, C sie zwar bekommen hat, aber nicht von B. Was B gegebenenfalls qua Tatbestand (erfüllungs- oder bereicherungsrechtlich) erlangt, ist die Gegenleistung des C (etwa der Kaufpreis).

III. Lösungsvorschlag

a) Das bedeutet vor allem, daß auch bereicherungsrechtlich gesehen nur im Verhältnis A-C eine Leistung gegeben ist. Es müßte in der Tat höchst merkwürdig berühren, wenn eine Leistung im Sinne des § 362 BGB nicht auch eine Leistung im bereicherungsrechtlichen Sinne wäre. Damit bestreiten wir mit aller Entschiedenheit die für die moderne Lehre charakteristische Trennung von Leistung und Vermögensverschiebung. Vermögensverschiebung (datio) heißt Leistung[40]. Andererseits ist die Richtung der Leistung nicht die Richtung der Rechtsfolge. Es ist meines Erachtens ein weitreichender Irrtum, dessen Implikationen noch aufzuzeigen sind[41], anzunehmen, die Leistungsrichtung habe in jedem Fall mit der Richtung der bereicherungsrechtlichen Rechtsfolge identisch zu sein[42]. Das ist so wenig der Fall wie bei der Leistung gemäß § 362 Abs. 2 BGB[43]. Schließlich: Nicht anders als bei gültigem Dreiecksverhältnis hat die Weisung des B auf Leistung an C ihren unverzichtbaren Platz im Tatbestand auch der bereicherungsrechtlichen Rechtsfolgen; und die Verpflichtung ex condictione ist, daran sei erinnert, eine Rechtsfolge[44].

Mit anderen Worten: So wie die Rechtsfolge der Befreiung konzipieren wir die Rechtsfolge der bereicherungsrechtlichen Verpflichtung im Verhältnis (zunächst) A-B als Regelung mittels — diesmal allerdings nicht positivierter — Analogie. Gesetzliche Grundnorm (direkte Anwendung des Gesetzes) ist hier § 812 Abs. 1 Satz 1, 1. Fall BGB, wonach der Leistende vom Leistungsempfänger die Herausgabe des durch die Leistung Erlangten, das heißt des Leistungsgegenstands verlangen kann, sofern es zwischen den Parteien an einem Rechtsgrund für die Leistung fehlt. Das Merkmal des fehlenden Rechtsgrundes ist im Verhältnis A-B gegeben, wenn das Deckungsverhältnis defekt ist. Was indessen die Leistung betrifft, so hat A nicht an B geleistet, sondern an C, hat nicht B den Leistungsgegenstand erlangt, sondern C. Doch haben wir im Rahmen der Erfüllung gesehen, unter welchen Voraussetzungen die Leistung von A an C Rechtsfolgen zwischen A und B zeitigen kann: bei Weisung des B und weisungsgemäßer wirksamer Leistung von A an C. Diese Voraussetzungen verlieren ihre Kraft als Zurechnungskriterien offensichtlich nicht dadurch, daß sie mit einem nichtigen Deckungsver-

---

[39] Siehe zu diesem Ansatz auch *Wilhelm* 114 und JuS 1973, 1, 3 l. Sp. Im übrigen zu *Wilhelm* unten IV 5.
[40] Natürlich ist nicht jede Leistung eine Vermögensverschiebung. Einzelheiten unten V 2.
[41] Unten IV.
[42] Vgl. etwa *Lorenz*, JZ 1968, 51, 52 l. Sp.
[43] Oben III 1. Gegen die h. L. auch *Gerhardt*, Die systematische Einordnung der Gläubigeranfechtung, 1969, S. 196 ff., ohne weiterreichende Konsequenz allerdings.
[44] Siehe etwa *Krawielicki*, Grundlagen des Bereicherungsanspruchs, 1936, Neudruck 1964, S. 2.

hältnis zusammentreffen statt mit einem intakten. Entscheidend bleibt vielmehr, daß hier wie dort A, indem er anweisungsgemäß an C leistet, B die Leistung zur Verfügung stellt, von woher Rechtsfolgen zwischen A und B gerechtfertigt sind. Die Lage im Deckungsverhältnis ist nur dafür von Belang, ob die zuzurechnende Rechtsfolge Befreiung des A von der Verbindlichkeit B gegenüber heißt oder Kondiktion des A gegen B[45].

Während wir uns bei gültigem Deckungsverhältnis allerdings mit der Feststellung der Befreiung des A begnügen können, müssen wir bereicherungsrechtlich berücksichtigen, daß B nicht in der Lage ist herauszugeben, was A an C geleistet hat. In Betracht kommt deshalb eine Verpflichtung des B auf Wertersatz gem. § 818 Abs. 2 BGB. Da B das von A an C Geleistete jedoch niemals erlangt hat, ist nur eine analoge Anwendung der Vorschrift diskutabel. Sie ist auch begründet; denn es kann keinen Unterschied machen, ob der Bereicherungsschuldner zur Herausgabe außerstande ist, weil er die empfangene Leistung einem Dritten weitergegeben hat oder deshalb, weil er zurechenbar veranlaßt, daß der Dritte die Leistung erhält, ohne daß sie zuvor in seine — des Bereicherungsschuldners — Hände gelangt.

Wir können das Ganze wieder viel einfacher formulieren. Liegen die Weisung des B und anweisungsgemäße Leistung von A an C vor, dann bestimmen sich die bereicherungsrechtlichen Rechtsfolgen im Verhältnis A-B nach der Regelung bei der Veräußerungskette: *als habe A an B und B an C geleistet*. Im Fall der Veräußerungskette ist B verpflichtet, A herauszugeben, was er durch dessen Leistung erlangt hat: § 812 Abs. 1 Satz 1 BGB. Kann B das Erlangte nicht herausgeben, weil er es an C weiterveräußert hat, trifft ihn die Pflicht zum Wertersatz: § 818 Abs. 2 BGB. Folglich hat im Anweisungsfall A bei nichtigem Deckungsverhältnis eine Kondiktion gegen B auf Wertersatz[46].

---

[45] „Wenn ein Schuldner auf Grund einer Vereinbarung mit seinem Gläubiger das diesem Geschuldete an einen Dritten leistet, so ist ihm gegenüber die an den Dritten vorgenommene Leistung *rechtlich als an den Gläubiger bewirkt anzusehen*... Daher wird durch seine Leistung an den Dritten schuldrechtlich nur seine Rechtsstellung zum Gläubiger betroffen, als dessen Schuldner er leistet... Geschieht dies (scil. die Annahme durch den Dritten), so hat er das Geschuldete wirksam geleistet und ist er stets von seiner Schuld gegenüber dem Gläubiger befreit. Ein für ihn erwachsendes Recht zur Rückforderung des Geleisteten könnte von dem Gesichtspunkt einer ungerechtfertigten Bereicherung aus nur insofern in Frage kommen, als die Schuld, zu deren Tilgung er die Leistung an den Dritten bewirkte, in Wirklichkeit nicht bestanden hätte oder später hinfällig geworden wäre. Deswegen aber müßte er sich an seinen Gläubiger halten. Denn dieser *gilt* ihm gegenüber mit Bezug auf das Schuldverhältnis, das den Grund zu der Leistung abgab, da er gemäß der getroffenen Vereinbarung die Leistung an den Dritten statt an den Gläubiger bewirkte, *rechtlich als Empfänger der Leistung*." RGZ 87, 36, 39. Auch das Reichsgericht hat hier (noch) das Gespür für den zutreffenden Sachzusammenhang. Zu den von mir hervorgehobenen Stellen siehe noch die übernächste Fußn.

III. Lösungsvorschlag

Insgesamt ergibt sich, durch die Figur der Analogie erhellt, als Quintessenz der Anweisungslage, daß zwischen A und B Rechtsfolgen gelten, ohne daß zwischen ihnen ein bestimmtes Tatbestandselement dieser Rechtsfolge gegeben ist: B verliert seine Forderung gegen A bzw. wird A gegenüber bereicherungsrechtlich (zum Wertersatz) verpflichtet, obwohl A nicht an B, sondern an C geleistet und der Gegenstand dieser Leistung niemals zum Vermögen des B gehört hat[47]. Wenn die traditionelle Lehre die Verpflichtung des B zum Wertersatz daran ausrichtet, daß B die Befreiung von seiner Verbindlichkeit C gegenüber erlangt habe[48], dann erweist sich, soviel können wir jetzt schon erkennen, diese Inanspruchnahme einer Rechtsfolge aus dem Verhältnis B-C für das Verhältnis A-B als zutiefst sachwidriges Produkt einer für den analogen und das heißt: für den wertungsmäßigen Zusammenhang blinden Doktrin[49]. Diese Lehre muß sich fragen lassen, warum nicht, bei intaktem Deckungsverhältnis, auch für die Befreiung des A das Verhältnis B-C eine Rolle spielt. Etwa in der Weise: A hat an B die Leistung bewirkt und ist von seiner Verbindlichkeit B gegenüber frei geworden, insoweit B von seiner Verbindlichkeit C gegenüber frei geworden ist (oder gar, bei nichtigem Valutaverhältnis: insoweit B eine Kondiktion gegen C erlangt hat). Es ist zu befürchten, daß nur die positive Regelung des § 362 Abs. 2 BGB uns vor solchem Widersinn bewahrt hat.

b) Auch die Kondiktion im Verhältnis B-C beruht auf Analogie, wiederum in berechtigter Parallele zur Rechtslage bei der Erfüllung. So

---

[46] Erst im Anschluß daran stellt sich die Frage eines Wegfalls der Bereicherung gemäß § 818 Abs. 3 BGB. Siehe im folgenden.

[47] In den Überlegungen des Reichsgerichts (oben Fußn. 45), daß „die an den Dritten vorgenommene Leistung rechtlich als an den Gläubiger bewirkt anzusehen" ist und daß der Gläubiger „rechtlich als Empfänger der Leistung" gilt, steckt nichts anderes als der wertungsmäßige, sprich analoge Zusammenhang, wie er vorstehend entwickelt worden ist. Die Modalität „rechtlich" besagt, daß tatbestandsmäßig nicht an den Gläubiger geleistet worden ist und der Gläubiger nichts empfangen hat. Ob sich das Reichsgericht der Tragweite seiner Formulierungen bewußt war, kann hier dahinstehen. Jedenfalls sind sie nicht ungefährlich, weil sie in einem Akt der Simplifizierung dazu verleiten können, von der Rechtsfolge zwischen Schuldner und Gläubiger auch auf einen Tatbestand der Leistung zwischen Schuldner und Gläubiger zu schließen und, da der Gläubiger auch nach der h. L. (siehe oben Fußn. 32) den Leistungsgegenstand nun einmal nicht empfangen hat, danach zu suchen, was er sonst im Hinblick auf den gesetzlichen Tatbestand durch Leistung erlangt haben könnte. Siehe im folgenden und vor allem unten IV.

[48] Siehe nur Reeb 24.

[49] Vgl. bereits oben nach Fußn. 23. Über den falschen Ansatz helfen auch nicht Formulierungen wie diese hinweg: „Daher ist die Schuldbefreiung des Beklagten (= B) das ökonomische Produkt der dem Kläger (= A) zugeordneten Sphäre, die er an den Gläubiger (= C) verlor, als er diesem das Geld zahlte... Folglich hat der Beklagte die unmittelbar vom Gläubiger mit Rechtsgrund erlangte Schuldbefreiung mittelbar auch auf Kosten des Klägers erworben." Kaehler, Bereicherungsrecht und Vindikation, 1972, S. 67, siehe auch S. 31.

wie unter den Voraussetzungen wirksamer Anweisung und anweisungsgemäßer Leistung bei intaktem Valutaverhältnis B von seiner Verbindlichkeit C gegenüber befreit wird, obwohl nicht B an C geleistet hat, sondern A, ergibt sich bei nichtigem Valutaverhältnis die Rechtsfolge der Kondiktion von B gegen C, obwohl das von C Erlangte nicht B geleistet hat, sondern A. In beiden Fällen ist, da es nicht um eine höchstpersönliche Leistung geht, wertungsmäßig bedeutungslos, daß nicht B an C geleistet hat, sondern A an C, und die Lage im Valutaverhältnis ist nur dafür von Bedeutung, ob die Rechtsfolge im Verhältnis B-C Befreiung des B heißt oder Kondiktion des B gegen C. Da freilich, anders als im Verhältnis A-B, C den Leistungsgegenstand erlangt hat, bedarf es nur einer analogen Anwendung des § 812 Abs. 1 Satz 1 BGB. Es gilt, mit anderen Worten, die Regelung, *als habe A an B und B an C geleistet.*

c) Die Analogie bezeichnet schließlich auch den Weg zur sachgerechten Lösung des sog. Doppelmangels. Es bestehen unsererseits von vornherein unüberwindliche Bedenken dagegen, daß sich an der Verpflichtung des B zum Wertersatz bei nichtigem Deckungsverhältnis, so wie wir sie soeben begründet haben, gegenständlich dadurch etwas ändern soll, daß auch das Valutaverhältnis unwirksam ist. Wenn die h. L. meint, beim Doppelmangel richte sich die Kondiktion des A gegen B auf die (Abtretung der) Kondiktion, die B gegen C zusteht[50], so erscheint uns das vom selben Grundfehler infiziert wie die Orientierung der Verpflichtung des B auf Wertersatz an seiner Befreiung C gegenüber, wenn lediglich das Deckungsverhältnis defekt ist. Bestätigt werden unsere Vorbehalte durch einen Blick auf den Vergleichsfall der Veräußerungskette, wenn also A an B leistet und B an C und die Kausalverhältnisse allseits unwirksam sind. Auch hier soll nach herrschender Lehre A wegen § 818 Abs. 3 BGB nur eine „Kondiktion der Kondiktion" haben[51]. Doch steht das m. E. im Widerspruch dazu, daß sich der Bereicherungsanspruch, jedenfalls wenn er nicht mehr auf den ursprünglichen Leistungsgegenstand geht, im Hinblick auf eine Entreicherung des Kondiktionsschuldners per saldo bestimmt[52]. Die Tatsache also, daß B gegen C eine Kondiktion hat, könnte im Rahmen des § 818 Abs. 3 BGB lediglich zu einer Verrechnung auf den Kondiktionsanspruch des A führen, nicht zur gegenständlichen Veränderung des Anspruchs[53]. Es ist nur ein weiteres Zeichen für die verworrene Situation der heutigen

---

[50] Oben bei Fußn. 23.
[51] Statt aller *Medicus* Rdn. 670.
[52] Dazu nur *Larenz* 512; *Koppensteiner / Kramer* 137. Anders könnte es auch schwerlich sein. Zu denken ist im übrigen etwa an die Konstellation, daß das Deckungsverhältnis zeitlich früher wegfällt als das Valutaverhältnis.
[53] Das übersieht etwa *H. P. Westermann,* JuS 1968, 17, 21 r. Sp. Im einzelnen noch unten VI 5 b.

Lehre, daß sie diesen Zusammenhang nicht wahrnimmt, sondern gelegentlich sogar umgekehrt ihre prekären Ergebnisse zur Anweisungslage auf die Bereicherungskette überträgt[54], was schon in sich widersprüchlich ist[55] und letztlich eben auf den Irrtum zurückgeht, daß bei der Anweisung B im Sinne des Gesetzes etwas durch Leistung des A an ihn erlangt hat und daß die Rechtsfolge im Verhältnis B-C das ist, was B von A erlangt hat.

d) Im vorstehenden Zusammenhang ist nicht ohne Reiz, noch einmal auf die ältere Lehre zurückzukommen, die, wie wir gesehen haben[56], beim Doppelmangel zu dem an sich unerwünschten Ergebnis gelangt, daß A von C kondizieren kann. Der Grund liegt nach *Larenz* darin, daß in diesem Fall „eine Vermögensbewegung überhaupt nur zwischen A und [C] stattgefunden" hat[57]. Das ist richtig, nur ist die Vermögensbewegung allein zwischen Angewiesenem und Anweisungsempfänger keine Besonderheit beim Doppelmangel, sondern schlechthin ein Kennzeichen der Anweisungskonstellation. Auch bei Unwirksamkeit bloß des Deckungsverhältnisses zum Beispiel hat (im Hinblick auf den Leitungsgegenstand) eine andere Vermögensbewegung als die zwischen A und C nicht stattgefunden. Die „doppelte Wertbewegung", die *Larenz* hier zu erkennen glaubt (von A an B und von B an C), scheint auf das Konto einer spürbar positivistischen Behandlung des Bereicherungsrechts zu gehen, die freilich kein Gebrechen allein der älteren Lehre ist[58].

3. Ergebnisse

Einige Linien dieser Skizze sind jetzt etwas kräftiger nachzuzeichnen, zunächst (und beispielhaft) für den Tatbestand, an den sich bei nichtigem Deckungsverhältnis die Rechtsfolge einer Kondiktion von A gegen B knüpft.

Ein erstes Tatbestandselement stellt die Weisung des B dar. Die Tatsache, daß B den Gegenstand der Leistung, der bei Leistung an ihn selbst unabhängig von seinem rechtlichen Willen zu einer Rückgewährverpflichtung führen würde, nicht erlangt hat, wird dadurch ausgeglichen, daß in seiner Person die Merkmale einer spezifischen Willenserklärung gegeben sind: der Weisung des B an A auf Leistung an C.

---

[54] *Koppensteiner / Kramer* 45 mit m. E. unzutreffender Berufung auf *Esser* und *Lorenz*.
[55] Daß sich bei der Veräußerungskette, wenn die Veräußerung im zweiten Glied intakt ist, die Verpflichtung zum Wertersatz des ersten Erwerbers nach dem Schuldverhältnis zum zweiten (Befreiung) bestimmt, wird, soweit ich sehe, von niemandem vertreten.
[56] Oben II 2.
[57] 9. Aufl., S. 376.
[58] Unten IV.

3. Ergebnisse

Insoweit läßt sich auch von einer Bereicherungshaftung des Anweisenden kraft Rechtsgeschäfts sprechen, eine Formulierung, die frappieren mag, aber nicht ungewöhnlicher ist als die Anweisungskonstellation selbst[59].

Hinzu kommt die Leistung des A an C. Sie muß weisungsgemäß sein, im Hinblick auf B erfolgen (vgl. § 362 Abs. 2 BGB). Das bedeutet negativ, daß A mit der Leistung keinen eigenen Leistungszweck gegenüber C verbinden darf. Praktisch gesehen scheint dieser Umstand für die rechtliche Würdigung überhaupt hinreichend zu sein. Das heißt: Wir brauchen eine Zweckbestimmung des A gegenüber B nicht positiv zu ermitteln, sondern können uns mit der Feststellung begnügen, daß eine eigene Zwecksetzung des A gegenüber C nicht vorliegt. Die Art der Rechtsfolge gegenüber B ergibt sich aus der der Leistung voraufgegangenen Konstituierung des Deckungsverhältnisses[60]. Verfolgt A (zurechenbar) einen eigenen Leistungszweck gegenüber C, so kann es trotz der Weisung im Verhältnis A-B Rechtsfolgen nicht geben. A mag dann bei C kondizieren (vgl. im folgenden).

Die von A an C erbrachte Leistung muß ferner wirksam erbracht sein. Dazu ist nur an das oben (III 1 a. E.) Gesagte zu erinnern. Rechtsfolgen treten im Deckungsverhältnis (wie im Valutaverhältnis) von vornherein nicht ein, wenn die Vermögensverschiebung fehlgeschlagen ist. Bleibt A Eigentümer des Leistungsgegenstands, dann gebührt ihm eine Kondiktion gegen B grundsätzlich so wenig wie die Befreiung von der Verbindlichkeit bei intaktem Deckungsverhältnis.

Bei Leistung des A an C ohne Weisung des B bleibt A ebenfalls nur eine Kondiktion gegen C[61]. Diese Kondiktion kann nach dem bisher Gesagten nur eine Leistungskondiktion sein, womit wir en passant einem Lehrsatz der herrschenden Lehre, den der unverbildete juristische Verstand mit Recht als Zumutung empfindet, den Garaus gemacht haben: daß nämlich die Kondiktion des A gegen C eine „Eingriffskondiktion" sei, auf die Rückforderung einer Bereicherung „in sonstiger Weise" gerichtet[62]. Noch etwas anderes läßt sich in diesem Zusammenhang schon jetzt feststellen. Die Verfehlung eines Leistungszwecks zwischen den Parteien des Kondiktionsverhältnisses kann entgegen der h. L. kein generelles Kriterium der Leistungskondiktion sein; denn A hat C gegenüber einen Leistungszweck nicht verfolgt. Infolgedessen ist die Frage nach dem Rechtsgrund hier (unmittelbar) die Frage nach

---

[59] Kausalverhältnis und Weisung sind im Hinblick auf die rechtliche Würdigung sorgfältig zu trennen. Das scheint *Canaris* zu verkennen. Bankvertragsrecht, 1975, Das Kreditgeschäft, Rdn. 723.
[60] Vgl. im übrigen noch unten V 3.
[61] Einzelheiten unten VI 3.
[62] Siehe nur *Canaris* 807 f.

III. Lösungsvorschlag

einem Rechtsgrund im objektiven Sinn[63]. Weitere Folgerungen stellen wir einstweilen zurück[64].

Eine Selbstverständlichkeit, doch darum nicht überflüssig zu erwähnen, ist abschließend die Feststellung, daß zwischen A und B und B und C Rechtsfolgen, wie sie hier mittels Analogie entwickelt worden sind, nicht diskutabel sind, wenn, wie man formulieren kann, eine Anweisungslage überhaupt fehlt, das heißt: wenn ein Schuldverhältnis (Deckungsverhältnis) zwischen A und B gar nicht intendiert, gar nicht geplant ist, sei es von beiden Seiten oder auch nur von einer Seite aus nicht. Kommt es, aus welchen Gründen auch immer, in diesem Fall zu einer Leistung von A an C, so liegt doch auf der Hand, daß sich hier von vornherein der Gedanke an die Wertung der Veräußerungskette: *als habe A an B und B an C geleistet*, verbietet (dazu noch unten VI 2).

4. Anwendung des Gesetzes

Auf das Gesetz gesehen, lassen sich unsere bisherigen Ergebnisse in den Grundzügen so formulieren:

Soweit sich die Vorschrift des § 812 Abs. 1 Satz 1 BGB auf die Leistungskondiktion bezieht, setzt sie eine Leistung des Kondiktionsgläubigers an den Kondiktionsschuldner voraus. Das ist bei der Anweisung weder im Deckungs- noch im Valutaverhältnis der Fall. Die Sachlage gebietet aber eine Erweiterung des Anwendungsbereichs im Wege der Analogie: Für die Rechtsfolge kommt nicht nur a) eine (rechtsgrundlose) Leistung des Kondiktionsgläubigers an den Kondiktionsschuldner in Betracht (direkte Anwendung der Norm), sondern b) auch ein Tatbestand, welcher die Geltung der für die direkte Anwendung angeordneten Rechtsfolge rechtfertigt (analoge Anwendung der Norm). Ein solcher Tatbestand ist gegeben, wenn der Schuldner A auf Weisung des Gläubigers B wirksam an den Dritten C leistet (Anweisung). Ist das Deckungsverhältnis unwirksam, kann A von B kondizieren, wobei zugleich die analoge Anwendung des § 818 Abs. 2 BGB zu berücksichtigen ist, da B den Leistungsgegenstand nicht erlangt hat; ist das Valutaverhältnis unwirksam, kann B von C kondizieren. Dabei zeigt sich, wie differenziert die Analogie infolge der Anweisungslage, das heißt der Verzahnung des Zwei-Personen-Verhältnisses mit dem Drei-Personen-Verhältnis ist: Das Tatbestandsmerkmal „ohne rechtlichen Grund" ist zwischen den Kondiktionsparteien gegeben, so wie es das Gesetz voraussetzt. Insoweit brauchen wir eine analoge Anwendung nicht. Das Tatbestandsmerkmal der Leistung dagegen liegt im Verhältnis des Kondiktionsgläubigers zum Dritten C (bei Kondiktion im Deckungsverhält-

---
[63] Vgl. dazu auch *Wilhelm* 104 f.
[64] Einzelheiten unten V.

nis) bzw. im Verhältnis eines Dritten (A) zum Kondiktionsschuldner (bei Kondiktion im Valutaverhältnis). Es bedarf deshalb zusätzlicher Gesichtspunkte, damit gegen den Kondiktionsschuldner die Rechtsfolge der Leistungskondiktion gerechtfertigt ist.

Greift die Analogie ein, dann ist eine Kondiktion von A gegen C ausgeschlossen. Die Leistung von A an C ist dann im Verhältnis dieser beiden Parteien bereicherungsrechtlich irrelevant. Man kann dafür das gesetzliche Tatbestandsmerkmal „auf Kosten" (re-)aktivieren und sagen, daß C kondiktionsrechtlich, also spezifisch wertungsmäßig, nichts auf Kosten von A erlangt hat[65]. Um es noch einmal in der traditionellen Sprache der Analogie auszudrücken: Es gilt die Regelung, *als habe A an B und B an C geleistet.*

5. Gesetzeslücke

Analogie setzt eine regelungsbedürftige Lücke des Gesetzes voraus[66]. Es ist offensichtlich unsere Meinung, daß das Gesetz zu unserem Thema eine solche Lücke aufweist, und wir sehen darin, daß die Lücke bisher unbemerkt geblieben ist, die Ursache für den desolaten Zustand der Dogmatik des Bereicherungsausgleichs im Drei-Personen-Verhältnis.

Zwei Gründe können für das Faktum ursächlich gewesen sein. Einmal ein sozusagen äußerer Grund, der für die Verfasser des BGB mit dem Überlieferungsbild der justinianischen Gesetzgebung verbunden war. Den Quellen zufolge ist — bei Geld — für die römischen Juristen der Tatbestand der Leistung, an den sich die Befreiung des Schuldners knüpft (Erfüllung) schlechterdings definiert durch die Zahlung der geschuldeten Summe an den Gläubiger[67]. Von diesem feststehenden Satz her erklärt sich, daß die Juristen der Ausnahme, daß der Schuldner (billigerweise) auch befreit wird, wenn er an einen Dritten zahlt, sofern das nur auf Anweisung des Gläubigers geschieht, stets besonders gedenken. Oft in Formulierungen, die wir als Ausdruck einer Analogie

---

[65] So wenig wie an die Regelung des Problems haben die Verfasser des BGB an eine solche Funktion des Merkmals „auf dessen Kosten" gedacht. Siehe auch alsbald unten III 5. Die Formulierung „auf Kosten" anstelle von „aus dessen Vermögen" deckt nach dem Konzept der Zweiten Kommission (Protokolle S. 2940 ff. = *Mugdan* II 1170 f.), wenn man es auf die Anweisungslage projiziert, gerade das Valutaverhältnis ab (C hat etwas erlangt, aber nicht aus dem Vermögen des B). Daß bei der Leistungskondiktion jemand Bereicherungsschuldner sein kann, ohne den Leistungsgegenstand erlangt zu haben, scheint nicht reflektiert worden zu sein. Dazu unten IV. Dort auch (IV 5) zu *Wilhelm* passim und JuS 1973, 1.

[66] Dazu etwa *Larenz* (oben Fußn. 36) 354 ff., 362 ff., 366 ff.

[67] Marcian Dig. 46, 3, 49: Solutam pecuniam intellegimus utique naturaliter, si numerata sit creditori. Sed et si iussu eius alii solvatur, vel creditori eius vel futuro debitori vel etiam ei cui donaturus erat, absolvi debet. Zum zweiten Satz siehe im folgenden.

III. Lösungsvorschlag

empfinden, weil sie auf den Fall der Zahlung an den Gläubiger zurückverweisen: *als habe der Schuldner an den Gläubiger gezahlt*[68]. Damit war bei der Abfassung des BGB die Zahlung des Schuldners an einen Dritten als regelungsbedürftiger Fall der Erfüllung unübersehbar vorgegeben, was seinen Niederschlag in der Norm des § 362 Abs. 2 BGB gefunden hat[69].

Ein ganz anderes Bild vermitteln die Quellen zur Anweisung, wenn man etwa die Frage nach der Rückabwicklung bei defektem Deckungsverhältnis sondiert. Hierzu findet sich regelmäßig nur die schlichte Feststellung, daß der Angewiesene vom Anweisenden kondizieren kann[70]. Insbesondere fehlt formulierungsmäßig jeder Bezug auf die Veräußerungskette. Das ist, gehen wir (vereinfachend) davon aus, daß dem römischen Recht das Abstraktionsprinzip und (außerdem) die Möglichkeit des gutgläubigen Erwerbs unbekannt sind, verständlich[71]. Andererseits und vor allem sieht es so aus, als seien für das Korrektiv der bereicherungsrechtlichen Rückgewährschuld die Voraussetzungen, darunter pecunia data (Cicero pro Q. Roscio com. 5,14), von vornherein freier gehandhabt worden, wofür zumal spricht, daß sich die Römer der condictio (certae pecuniae) als Klage bedienen, die den Verpflichtungstatbestand völlig offen läßt[72]. Den Vätern des BGB (hier: der Ersten Kommission) war natürlich die Anweisungslage auch berei-

---

[68] Paulus Dig. 50, 17, 180, oben Fußn. 37. Für die Zahlung durch einen Dritten (Valutaverhältnis) Paulus Dig. 46, 3, 56: Qui mandat solvi ipse videtur solvere. Insgesamt siehe noch Paulus Dig. 46, 3, 64.

[69] In § 266 E I ist eine Formulierung wie die des Paulus (oben Fußn. 37) noch deutlich zu spüren: „Wird an einen andern als den Gläubiger zum Zwecke der Erfüllung geleistet, so wirkt die Leistung *als* Erfüllung, wenn sie mit Einwilligung des Gläubigers erfolgt." Hervorhebungen von mir. Systematisch gesehen wäre eine Zusammenfassung der beiden in § 362 Abs. 1 (= § 263 E I) und Abs. 2 BGB enthaltenen Regelungen zu einem einheitlichen, allein auf Schuldner und Gläubiger zugeschnittenen Tatbestand nur um den Preis eines unanschaulichen Leistungsbegriffs möglich gewesen, in dem das Faktum der Zahlung kein Merkmal hätte sein können. Dazu noch unten IV 6. In Betracht kam folglich nur eine die römische Regelung abbildende Positivierung des analogen Falles.

[70] Etwa Paulus Dig. 12, 4, 9, 1: Itaque adversus mulierem (die Anweisende) condictio ei (dem Angewiesenen) competit ut aut repetat ab ea quod marito (dem Anweisungsempfänger) dedit aut ut liberetur, si nondum solverit (der Pseudoschuldner der Ehefrau war im Rahmen der Dosbestellung angewiesen worden, sich dem Ehemann zu verpflichten). Zu weiteren Stellen *Windscheid / Kipp* Bd. 2, S. 870 Fußn. 19; *Donatuti*, Le causae delle condictiones, in: Studi Parmensi I, 1951, S. 36, 90 ff. *Donatuti* (93 und passim) spricht von „analogia fra la delega e la datio pecuniae". Siehe dazu noch im folgenden, besonders Fußn. 74.

[71] Denn die Zahlung an B würde diesen nicht zum Eigentümer der Münzen machen und ebensowenig die Weitergabe den C. Die Entscheidung für eine Kondiktion des A gegen B konnte so dahin veranschaulicht werden: *als habe A an B gezahlt (und B an C)*. Siehe noch unten Fußn. 74.

[72] Blankett bei Gaius, Institutionen 4, 41: Si paret Numerium Negidium Aulo Agerio sestertium X milia dare oportere.

cherungsrechtlich gegenwärtig. Nur hielten sie, wie es scheint — und darin mochte sie die Quellenlage bestärkt haben — die Frage für unproblematisch und einer Normierung nicht für bedürftig. *Windscheid*, langjähriges Kommissionsmitglied, hat an dieser Entscheidung maßgeblichen Anteil gehabt[73]. Sie war verkehrt, denn mit dem Tatbestand der Leistungskondiktion, wie er (auch) in § 812 Abs. 1 Satz 1 BGB formuliert wurde, fielen eben jene Voraussetzungen dahin, unter denen die Römer so großzügig mit (dem Tatbestand der) condictio operieren konnten[74].

Der zweite Grund für die diagnostizierte Lage scheint mir in einer Prädisposition zu liegen, die mit dem Stichwort ‚Gesetzespositivismus' bezeichnet werden kann. Auf die Frage ist jetzt in einem größeren Zusammenhang einzugehen.

---

[73] Siehe dazu *Schubert*, Zeitschr. d. Savigny-Stiftung f. Rechtsgesch., Rom. Abtlg., Bd. 92, 1975, S. 186, 196, 202. Der Teilentwurf *v. Kübel* für das Bereicherungsrecht enthielt in § 4 eine Regelung für den Fall des nichtigen Deckungsverhältnisses, ganz im Sinne des römischen Rechts. *Windscheid* votierte in seinem Antrag zu § 4 primär (zum Eventualantrag *Windscheids*, der eine vollständigere Regelung vorsah, unten Fußn. 167) für Streichen, worin ihm die Kommission folgte. Damit war, wenn ich richtig sehe, das Problem aus der weiteren Gesetzgebungsarbeit ausgeschieden. Nach *Schubert* war *Windscheids* Verdienst als Kommissionsmitglied „vor allem die Beschneidung der gemeinrechtlichen Kasuistik" (230, siehe auch 231, 198). Das hat sich in unserem Fall als höchst nachteilig erwiesen. Für *Windscheid* (und die übrigen Kommissionsmitglieder?) scheint freilich selbstverständlich gewesen zu sein, daß, bei welcher gesetzlichen Normierung auch immer, A trotz Leistung an C von B kondizieren konnte und nicht nur den Wert der Schuldbefreiung des B gegenüber C. Vgl. dazu im folgenden, bes. unten Fußn. 160.

[74] Die Römer waren, modern gesprochen, der Notwendigkeit enthoben, die Entscheidung für eine Kondiktion von A gegen B im Wege der Analogie zu finden, weil sie die Entscheidung nicht durch das Nadelöhr eines Tatbestands wie § 812 BGB fädeln mußten. Das zeigt, daß für die Entscheidung heute Analogie und Abstraktionsprinzip relativ zu sehen sind, relativ zu § 812 BGB. Anders gesagt: Ein Tatbestand der Leistungskondiktion wie der des geltenden Rechts wäre unter den Bedingungen der römischen Rechtsordnung (oben bei Fußn. 71) für die angestrebte Entscheidung nicht praktikabel. Begründet haben im übrigen die römischen Juristen ihre Entscheidung, den Anweisungsempfänger (im Hinblick auf das wirksame Valutaverhältnis) rechtsbeständig Eigentum erwerben zu lassen, zumeist mit dem kargen Argument: quia ille suum recipit. Etwas ausführlicher Paulus Dig. 46, 2, 19. Bei gültigem Deckungs-, aber nichtigem Valutaverhältnis entscheiden die Römer im praktischen Ergebnis ebenfalls wie wir heute. Dazu unten VI 4. Unterschiede scheinen beim Doppelmangel zu bestehen sowie bei der Anweisung durch Geschäftsunfähige und beschränkt Geschäftsfähige (vgl. auch unten Fußn. 237). Näheres am andern Ort.

IV. Diskussion der vorgeschlagenen Lösung

Für das Folgende ist wichtig, vorweg ein Ergebnis der bisherigen Überlegungen hervorzuheben (bezogen auf den Fall des nichtigen Deckungsverhältnisses und auf das Tatbestandselement der Leistung). Die Leistung (und damit das durch Leistung Erlangte) liegt im Verhältnis A-C; die Rechtsfolge der bereicherungsrechtlichen Verpflichtung im Verhältnis A-B. Ist man sich dieses Zusammenhangs bewußt, so wird man zur Beschreibung der Rechtsfolge unbekümmert sagen: Die Leistung von A an C ist im *Rechtssinne* (also wertungsmäßig) eine Leistung von A an B, oder: Die Leistung von A an C *gilt* als Leistung von A an B (weil *gelten* die normative Komponente des Rechts zum Ausdruck bringt). Sich derart ausdrücken heißt dem analogen Zusammenhang Rechnung tragen, ebenso wie wenn man sagt: Die Leistung von A an C ist so zu beurteilen, *als habe A an B geleistet*. Dagegen wird man nicht so (oder ähnlich) formulieren: Zwischen A und B *ist* geleistet worden. Eine solche Formulierung würde den Unterschied von Tatbestand und Rechtsfolge verwischen und den Anschein erwecken, als ordne der Sprechende die Rechtsfolge: Kondiktion von A gegen B einem Tatbestand: Leistung von A an B zu. Das wäre ein grundlegender Fehler.

1. Die ältere Lehre

An diesem Fehler krankt, wenn ich es richtig sehe, die bereicherungsrechtliche Behandlung des Anweisungsfalles in ihren verschiedenen Spielarten von jeher. Es läßt sich immer wieder die als völlig selbstverständlich empfundene (und daher unreflektierte) Auffassung ausmachen, daß zur angestrebten Kondiktion von A gegen B auch ein spezifischer Kondiktionstatbestand zwischen A und B gehören muß, das heißt ein Tatbestand, wonach B von A durch Leistung des A etwas erlangt hat. Die ältere Lehre inaugurierte dazu die Perspektive einer dreifachen Wertbewegung: Die von ihr noch als Leistung angesehene Zahlung von A an C[75] wurde als indirekte Leistung oder mittelbare Zuwendung bezeichnet, und als Auswirkung dieser mittelbaren Zuwendung glaubte man, dem allgemein aufgestellten Erfordernis entsprechend, eine unmittelbare Vermögensverschiebung (Leistung) von A an B und von B an C erkennen zu können (unmittelbare Vermö-

---

[75] *Enneccerus / Lehmann* (oben Fußn. 29) 879 ff.

gensverschiebung durch mittelbare Zuwendung). Erkennen läßt sich jetzt in Wirklichkeit etwas anderes: eine eigentümliche Verquickung der dogmatischen Kategorien von Tatbestand und Rechtsfolge, zumal was das Deckungsverhältnis betrifft. Indem man verkannte, daß auch für den Tatbestand der Kondiktion des A gegen B als relevante Vermögensverschiebung allein die Leistung von A an C in Betracht kam, sah man (zwangsläufig) als Substrat der postulierten Vermögensverschiebung zwischen A und B die Befreiung des B gegenüber C an[76], die in Wahrheit hier keinen Tatbestandscharakter hat, sondern — bezogen auf das Valutaverhältnis — ebenso Rechtsfolge derjenigen Tatbestandselemente ist, auf denen — bezogen auf das Deckungsverhältnis — wesentlich auch die Kondiktion gegen B beruht: Leistung von A an C mit Zustimmung des B[77]. Mit anderen Worten: Mangels Einsicht in den analogen Zusammenhang wurden für die Kondiktion des A gegen B Voraussetzungen formuliert, von denen die Vermögensverschiebung zwischen A und B paradox war.

Als Erklärung für das Verfehlen der Analogie und die damit verbundenen Folgen erscheint mir eine spezifisch positivistische Einstellung plausibel: die Fixierung auf die Vorschrift des Gesetzes als auf eine geradezu absolute Größe und der Gedanke, daß in einer so bedeutenden Frage wie der der Anweisung für die dem Gesetz zu entnehmende Rechtsfolge auch ein dem Wortlaut des gesetzlichen Tatbestands kongruenter Sachverhalt vorauszusetzen ist: Wenn B bereicherungsrechtlich verpflichtet sein soll, muß er auch „etwas erlangt" haben — womit der Blick fast zwangsläufig auf das Verhältnis zum Dritten C gelenkt wird[78]. Denn es ist nun einmal nicht zu übersehen, daß B den Gegenstand der Zahlung von A an C nicht erlangt hat.

Hinzu kommt eine andere sachbedingte Vorentscheidung: die für das Bereicherungsrecht als charakteristisch angesehene wirtschaftliche Betrachtungsweise, die es, zumal vom Standpunkt mehrerer Wertbewegungen aus (vgl. etwa oben III 2 d), für das Verhältnis A-B anscheinend von vornherein ausschließt, etwas anderes ins Auge zu fassen, als daß auf Seiten des B eine Vermögensvermehrung vorliegt. Diese wirtschaftliche Betrachtungsweise entpuppt sich im Rahmen unseres Themas als eher naturalistische, die Regelung der ungerecht-

---

[76] Siehe oben II 2.
[77] Insoweit sind die Tatbestände für die Kondiktion und die Befreiung identisch. Für die Kondiktion kommt als weiteres Tatbestandselement das defekte Deckungsverhältnis hinzu, für die Befreiung das intakte Valutaverhältnis.
[78] Vgl. demgegenüber noch RGZ 87, 36, 39, oben Fußn. 45 und 47. Die zeitliche Nähe dieser Entscheidung (aus dem Jahre 1915) zum gemeinen Recht ist wohl kein Zufall.

34   IV. Diskussion der vorgeschlagenen Lösung

fertigten Bereicherung als rechtliche nicht ausreichend reflektierende Anschauung. Rechtlich, das heißt wertungsmäßig kann eine Rechtsordnung, die sich ihres Wertungscharakters bewußt und dem Stadium entwachsen ist, Regelungen allein am Sinnlich-Anschaulichen auszuformen, Ungleiches gleich behandeln, wenn nur Daten vorhanden sind, die diese Gleichbehandlung rechtfertigen. Die Berücksichtigung dieser Einsicht (in das Wesen der Analogie) vermittelt den Weg zur Lösung des Anweisungsfalles: Obwohl B nichts erlangt hat, ist er A bereicherungsrechtlich verpflichtet, weil A mit Zustimmung des B und mit Rücksicht auf das Schuldverhältnis zu B (Deckungsverhältnis) an den Dritten C geleistet hat.

Man wird schließlich auf ein übersteigertes Systemdenken verweisen können, das selbst dort, wo es in seinen Formulierungen der Analogie nahekommt, im nächsten Atemzug diese sachwidrig systematisiert, nämlich in das Prokrustesbett des gesetzlichen Tatbestands zwängt, dessen Voraussetzungen — Vermögensverschiebung vom Kondiktionsgläubiger zum Kondiktionsschuldner — hier gerade nicht gegeben sind. Wir werden noch öfter dem verräterischen Wechsel der Diktion begegnen. Für die ältere Lehre sei nur ein besonders anschauliches, auf die Kondiktion im Valutaverhältnis bezogenes Zitat von *Enneccerus/Lehmann* angeführt. Zunächst heißt es zutreffend, „daß die Leistung *rechtlich* im Verhältnis zum Empfänger nicht als eine Zuwendung des Handelnden *angesehen werden soll,* sondern als Zuwendung dessen, für dessen Rechnung sie bewirkt wurde". Darauf folgt jedoch der Satz: „Hier *liegt* eine unmittelbare *Vermögensverschiebung* durch mittelbare Zuwendung (indirekte Leistung) *vor*[79]."

2. Wilburg, Esser

Daß aus diesem Dilemma die moderne, auf *Wilburg* zurückgehende Lehre von der Leistungskondiktion nicht herausgefunden hat, dürfte in Umrissen schon erkennbar geworden sein. Ein ganz äußeres Zei-

---

[79] *Enneccerus / Lehmann* (oben Fußn. 29) 880. Die Formulierungen verkennen in ihrer Konklusion, daß die Vermögensverschiebung eben nicht zwischen B und C stattgefunden hat. Interessant ist ferner, daß der Satz von der unmittelbaren Vermögensverschiebung durch mittelbare Zuwendung am Valutaverhältnis demonstriert wird. Hier hat der Bereicherungsschuldner tatbestandsmäßig zweifellos etwas erlangt, so daß sich der methodische Fehler nicht weiter auswirkt. Siehe auch unten Fußn. 90. — Zu der im Text verschiedentlich angesprochenen positivistischen Auffassung des Gesetzes siehe (als hier besonders einschlägig) etwa *Noll*, Gesetzgebungslehre, 1973, S. 20 f. Die von *Noll* primär (18 ff. und passim) kritisierte Aussparung der Gesetzgebungslehre (der „gesetzgeberischen Fragestellung") aus dem Arbeitsfeld der Rechtswissenschaft macht auf ein Defizit der juristischen Argumentation aufmerksam, deren Überwindung der Sache nach und im bescheideneren Rahmen unseres Themas mit im Zentrum auch der vorliegenden Untersuchung steht. Vgl. zumal oben Vorwort und III 1 und 5, ferner unten IV 6.

chen dafür ist die von *Larenz* in der 11. Auflage des Besonderen Schuldrechts unverhohlen ausgedrückte Ernüchterung über den derzeitigen Zustand der Materie, nachdem die 10. Auflage mit positiverem Gesamttenor die Preisgabe der älteren Lehre gebracht hatte[80]. In der Tat haben sich die Probleme entgegen den Beteuerungen der Autoren hier und dort beileibe nicht vereinfacht. Im Grunde hat sich durch *Wilburg* an der Misere nichts geändert, wie man sehr schnell ermessen kann[81].

Wilburg bemängelte an der älteren Lehre das Dogma von der Unmittelbarkeit der Vermögensverschiebung als Kriterium für die Bestimmung der Kondiktionsparteien. Nach *Wilburg* war aber anzuerkennen, daß mit der Zahlung von A an C drei Leistungen gegeben waren: eine Leistung von A an C, eine Leistung von A an B und eine Leistung von B an C — und damit sind wir bereits auf denselben verhängnisvollen Ausgangspunkt gestoßen, wie er für die ältere Lehre charakteristisch ist. Doch verfolgen wir zunächst *Wilburgs* Gedankengang weiter[82]. Im Unterschied zur älteren Lehre betonte *Wilburg* den Leistungszweck: kondiziert werden kann von demjenigen, dem gegenüber man einen Leistungszweck verfolgt hat. Dieser allgemeinen Aussage ist entgegenzuhalten, daß wir für die Person des Angewiesenen nicht danach zu fragen brauchen, ob er einen Leistungszweck gegenüber B verfolgt hat, sondern uns mit der Feststellung begnügen können, daß er keinen eigenen Leistungszweck gegenüber C verfolgt hat[83]. Doch davon abgesehen. Es ist jedenfalls ein Irrtum zu meinen, das Erfordernis der Zwecksetzung werde sachgerecht dadurch berücksichtigt, daß man eine zweckgerichtete Leistung von A an B, die zu einer Vermögensvermehrung des B geführt hat, glaubt erkennen zu können (von woher dann der zweckbestimmte Leistungsbegriff als schlechthin maßgebend postuliert wird). Ferner: Die Richtung des Leistungszwecks auf B hin ist wohl notwendige, aber nicht hinreichende Bedingung für eine Kondiktion gegen ihn. Fehlt es an einer Weisung des B, dann kann es trotz der Zwecksetzung ihm gegenüber eine Kondiktion gegen ihn nicht geben. Die Funktion der Weisung tritt bei *Wilburg* ganz hinter die Betonung des Leistungszwecks zurück, und das ist bis heute kennzeichnend für die neuere Lehre. Nur so läßt sich erklären, daß trotz unwirksamer Weisung eine Kondiktion von A gegen B befürwortet wird — anscheinend zu Recht; hat doch A gegenüber B einen Leistungszweck verfolgt[84].

---

[80] Oben I 1.

[81] Zum Folgenden *Wilburg* 108 ff., 113 f.

[82] Daß die heutige Doktrin entgegen *Wilburg* (und der älteren Lehre) die Zahlung von A an C nicht mehr als Leistung ansieht (oben II 1), verschärft noch das Problem.

[83] Siehe oben III 3 bei Fußn. 60.

IV. Diskussion der vorgeschlagenen Lösung

Nicht geäußert hat *Wilburg* sich zur Frage, welchen Inhalt etwa die von A angeblich an B erbrachte Leistung hat, oder, mit den Worten des Gesetzes, was B durch Leistung des A erlangt haben könnte. Vom Ansatz seiner Lehre her kann diese Frage freilich keine andere Antwort finden als die, die sich die ältere Lehre gegeben hat: Befreiung des B von der Verbindlichkeit C gegenüber. Für die Autoren in der Nachfolge *Wilburgs* ist das in der Tat völlig selbstverständlich[85]. Damit setzt sich auch in der neueren Lehre die für die ältere typische Verfehlung des analogen Zusammenhangs fort mit dem Ergebnis, daß wiederum zum Tatbestandsmerkmal der Kondiktion von A gegen B erhoben wird, was in richtiger Sicht der Dinge bereits — und zwar in bezug auf das Valutaverhältnis — Rechtsfolge des auch für diese Kondiktion maßgebenden Tatbestands ist[86]. Ja, der Fehler schlägt sich in der neuen Lehre noch gravierender nieder: er führt formulierungsmäßig zu einer petitio principii. Da die Vermögensverschiebung aus dem Tatbestand der Leistungskondiktion eliminiert ist, setzt nach *Esser* die Kondiktion, also die Rechtsfolge, „tatbestandsmäßig nur voraus, daß der Kläger darlegt und beweist, zwischen ihm und dem Beklagten bestehe ein Leistungsverhältnis, auf Grund dessen dieser etwas erlangt habe, obwohl der Leistungszweck verfehlt worden bzw. weggefallen sei"[87]. Wenn aber, auf die Anweisungskonstellation bezogen, A für die Rechtsfolge der Kondiktion gegen B beweisen soll, daß B (durch Leistung des A, was für *Esser* mit der Zwecksetzung von A gegenüber B identisch ist) die Rechtsfolge der Befreiung von der Verbindlichkeit C gegenüber erlangt hat, dann wird, formal, für die Begründung der Rechtsfolge auf die Rechtsfolge verwiesen; das ist jetzt unschwer zu erkennen[88].

Die Bedingungen dieser Problembehandlung dürften dieselben sein wie diejenigen, die wir oben schon für die ältere Lehre vermutet haben. Hier bleibt insgesamt noch anzumerken, daß wie andere Rechtsfolgen natürlich auch die Befreiung von einer Verbindlichkeit sinnvoll etwas durch Leistung Erlangtes, also Tatbestandsmerkmal sein kann (etwa im Fall eines Erlaßvertrags). Nur für das Dreiecksverhältnis impliziert die Annahme, die konditionsrechtliche Verpflichtung des

---

[84] *Möschel*, JuS 1972, 297, 301 f.; *Medicus* bis zur 6. Aufl., vgl. (7. Aufl.) Rdn. 677. *Wilburg* selbst trifft die Kritik allerdings nicht. Nach seiner Vorstellung ist die Anweisung Geschäftsgrundlage der Zahlung von A an C, so daß Unwirksamkeit der Anweisung eine Kondiktion in diesem Verhältnis begründet. Dazu noch unten VI 3 b.

[85] Oben II 1 bei Fuß. 22.

[86] Oben bei Fußn. 77.

[87] *Esser* 340.

[88] Zum maßgeblichen Tatbestand kommt man, wenn man ihn überhaupt erkennt, erst, wenn man nach den Voraussetzungen der Befreiung des B gegenüber C fragt.

B gegenüber A beruhe u. a. darauf, daß B die Befreiung von der Forderung des C erlangt habe, auf einem methodischen Fehler, und ein unübersehbares Indiz dafür ist, daß das von B „Erlangte" aus dem Verhältnis zu einem Dritten genommen wird[89].

3. v. Caemmerer, Larenz

Daß A an B geleistet hat und B an C, daß zwischen A und B und zwischen B und C ein Leistungsverhältnis besteht, ist eine bis dato ganz unangefochtene Lehre, für die wir uns Belege sparen können. Es erübrigt sich deshalb auch, das methodische Defizit aufzuzeigen, das jeder Aussage über die Leistungskondiktion potentiell innewohnt[90]. Dagegen sind für unsere Beweisführung von besonderem Interesse Äußerungen, bei denen wir auf die mit der Analogie verfolgte Spur stoßen, Äußerungen, die eine promiscue Verwendung von Formulierungen analogen Gehalts und solchen Formulierungen, die aussagen, daß etwas ist, aufweisen. Mit anderen Worten: Äußerungen, die uns die für das herrschende Konzept der Leistungskondiktion charakteristisch erscheinende Tendenz vor Augen führen, der Rechtsfolge, dem Sollen (der Kondiktion zumal von A gegen B) auch einen spezifischen Tatbestand, ein spezifisches Sein (Leistung von A an B, Vermögensvermehrung bei B) zuzuordnen[91].

a) So etwa heißt es bei *v. Caemmerer*, daß „bei mittelbaren Leistungen derjenige rückforderungsberechtigt ist, der rechtlich als Leistender angesehen wird"[92]. Das irritiert zunächst, da weder A (an B) noch B (an C) auch nur mittelbar geleistet haben[93]. Im übrigen liegt

---

[89] Vgl. oben bei Fußn. 23.

[90] Aus der Rechtsprechung siehe etwa BGHZ 48, 70, 73: „Nach den Grundsätzen der Leistungskondiktion vollzieht sich der Bereicherungsausgleich immer im Verhältnis von Leistendem und Leistungsempfänger i m R e c h t s s i n n e, während es nicht darauf ankommt, wer an wen i n t a t s ä c h l i c h e r H i n s i c h t „geleistet" hat." An der Leistung „im Rechtssinne" ist nichts auszusetzen (unberechtigte Kritik bei *Larenz*, 10. Aufl. S. 405 Fußn. 2), wäre damit nur die Einsicht verbunden, daß der Kondiktionsschuldner B vom Kondiktionsgläubiger A nichts erlangt hat. Daß man das nicht voraussetzen kann, zeigt die Wiedergabe des BGH bei *Serick*, Eigentumsvorbehalt und Sicherungsübereignung, Bd. IV, 1976, S. 653: „Anspruchsberechtigter bei der Leistungskondiktion ist diejenige Person, die die Leistung im Rechtssinne vorgenommen, Anspruchsgegner, wer sie empfangen hat." Der Satz wird dann allein am Beispiel eines nichtigen Valutaverhältnisses exemplifiziert! Vgl. dazu oben Fußn. 79.

[91] Ganz extrem in diesem Sinn, aber ohne Ansätze, die im folgenden interessieren, *Beuthin*, JZ 1968, 323, 324 l. Sp. (für das Valutaverhältnis, siehe die vorige Fußn. a. E.). Nach *Beuthin* besteht zwischen A und C nicht einmal ein Zuwendungsverhältnis, sondern lediglich „ein abwicklungstechnischer Kontakt". Zuwendung und Leistung reserviert *Beuthin* für das Verhältnis B—C. Zustimmend *Esser* 338.

[92] Bereicherung S. 348 (225).

IV. Diskussion der vorgeschlagenen Lösung

eine völlig zutreffende Konkretisierung unseres Problems vor: Rückforderungsberechtigt ist derjenige, der die Rechtsfolgen der Leistung für sich in Anspruch nehmen kann; das kann A gegenüber B sein, obwohl A an C geleistet hat, das kann B gegenüber C sein, obwohl nicht B, sondern A an C geleistet hat. An sich ebenso zutreffend (wenn zum Teil auch tautologisch und insofern symptomatisch) sind Ausdrucksweisen wie: bei Einschaltung Dritter komme es darauf an, „wer rechtlich als Leistender und Leistungsempfänger zu gelten hat"; oder: „Die Einlösung des Schecks gilt als Zahlung des Ausstellers an den Empfänger."; oder: Die Auflassung von A an C „gilt als Leistung" des A an B und des B an C[94]. Im gleichen Atemzug aber lesen wir: „Schickt ein Handwerker seinen Gesellen, um den Gasbadeofen des Kunden zu reparieren, dann *ist* die Reparatur *Leistung* des Handwerkers an den Kunden und *Leistung* des Gesellen an den Handwerker[95]." Hält man sich korrekt an die Aussageform, dann wird hier nicht nur das Sollen mit dem Sein identifiziert; das Sollen führt auch zu einer Verdreifachung des Seins — ein Ergebnis, über das sich am allerwenigsten Vertreter der modernen Lehre mokieren dürfen[96], in deren Kern es — ganz wie bei der älteren Lehre — angelegt ist.

Nun wird man für *v. Caemmerer* annehmen dürfen, daß er zu „Leistung" jeweils „rechtlich" hinzudenkt oder „Leistung" hier überhaupt als Kürzel für die Zurechnung der Rechtsfolgen verwendet. Denn ganz in unserem Sinne lehnt er es für den Fall des abgekürzten Weiterverkaufs eines Grundstücks ab, bei der Frage nach dem Gegenstand der Kondiktion des A gegen B diesen in der Befreiung des B von der Verbindlichkeit C gegenüber zu sehen oder gar — bei Doppelmangel — in der Kondiktion des B gegen C. Vielmehr: „B muß sich, wenn sein Vertrag mit A rückgängig gemacht wird, so behandeln lassen, als hätte er von A das Grundstück selbst erhalten[97]." Indessen hat *v. Caemmerer*, soweit ich sehe, weder die Kategorie der Analogie

---

[93] Geleistet hat nur A an C. Etwas anderes ist, in welchem Verhältnis die (anweisungsmäßigen) Rechtsfolgen dieser Leistung eintreten. Die Wendung „mittelbare Leistung" hat nur Sinn, wenn damit eine rechtliche Wertung zum Ausdruck gebracht werden soll. Solchenfalls wäre *v. Caemmerers* Satz tautologisch. Vgl. freilich im folgenden.

[94] Bereicherungsansprüche S. 385 f. (323 f.).

[95] Bereicherungsansprüche S. 385 (323). Daselbst auch ein Beispiel, in dem beide Aussageformen nebeneinander vorkommen: „Hat der Käufer eines Grundstücks dieses, bevor es ihm übereignet wurde, weiterverkauft und läßt der Eigentümer das Grundstück auf Weisung des Erstkäufers dem Zweitkäufer unmittelbar auf, dann *ist* die Auflassung des Grundstücks eine Leistung des Eigentümers an den Erstkäufer. Dem Zweitkäufer gegenüber aber *gilt* der Erstkäufer als Leistender." Hervorhebung hier wie im Text von mir.

[96] Siehe oben bei Fußn. 18.

[97] Bereicherungsansprüche S. 386 (324). Das ist in der traditionellen Sprache der Analogie formuliert. Oben bei Fußn. 37 und vor Fußn. 46.

explizit behandelt noch weitere dogmatische Folgerungen an sie geknüpft, und mit wie wenig geistesverwandtem Verständnis er rechnen kann, zeigt die ihm von *Canaris* entgegengehaltene Kritik, die sich bei *Canaris* bezeichnenderweise an einer Formulierung *v. Caemmerers* entzündet, die eine Seinsaussage enthält. Im Anschluß an das soeben wiedergegebene Zitat heißt es nämlich bei *v. Caemmerer*[98] in bezug auf B und das Grundstück: „A hat ihm dieses verschafft..." Nach *Canaris*[99] ist deshalb der Lösungsversuch *v. Caemmerers* „in der Konstruktion dogmatisch nicht haltbar". Ja, *Canaris* spricht in diesem Zusammenhang sogar von „Scheinbegründungen" und von einem „konstruktiven Trick" und läßt keinen Zweifel, für wie überlegen er den eigenen „Weg einer offenen Rechtsfortbildung" hält[100].

b) Auch bei *Larenz* finden wir, ohne daß sie als solche reflektiert werden, typische, dem Kundigen geläufige Formulierungen für Analogie. Leistung, sagt *Larenz*, ist ein „Rechtsbegriff, der eine Zurechnung — zu einer bestimmten Person als dem „Leistenden" — erforderlich macht", und demonstriert das am Handwerkerbeispiel, das uns schon bei *v. Caemmerer* begegnet ist: „Das Tun des Gehilfen wird ... dem Geschäftsherrn ... wie eigenes Tun zugerechnet[101]." Das könnte ein Programm sein: Die Leistung von A an C wird A zugerechnet „wie" Leistung von A an B, wird B zugerechnet „wie" Leistung von B an C, was besagen will, daß zwischen A und B, zwischen B und C Rechtsfolgen einer Leistung gelten, obwohl A nicht an B geleistet hat und B nicht an C. Doch bleibt die Tragweite des analogen Ansatzes unerkannt. Auch nach *Larenz* erbringt A eine Leistung an B, B eine solche an C[102]. Auch *Larenz* teilt die allgemeine Auffassung, daß die Zahlung von A an C eine Leistung von A an B ist, durch die das Vermögen des B um die Befreiung von seiner Verbindlichkeit C gegenüber vermehrt wird[103].

Dennoch gelangt *Larenz* einen Schritt weiter, und man möchte sich die Freiheit nehmen zu sagen, daß das überlegene Judiz zum richtigen Ergebnis drängt. *Larenz* stellt die herrschende Meinung in Frage, daß beim Doppelmangel B durch Leistung des A die Kondiktion gegen C erlangt habe (was zur Folge hat, daß A den Einreden des C ausgesetzt ist) und kommt nach einer Risikoabwägung zu dem Ergebnis, es sei gerechtfertigt, „als das von [B] (durch die Leistung des [A] an ihn) Erlangte hier nicht die Kondiktion gegen [C], sondern von vornherein

---
[98] Bereicherungsansprüche S. 386 (324). Hervorhebung von mir.
[99] 812, 813.
[100] Zu diesem Weg unten IV 4.
[101] *Larenz* 468.
[102] Vgl. 468, 469.
[103] 469.

den Vermögenswert anzusehen, über den er seinerseits zugunsten des [C] disponiert hat. Anders ausgedrückt. [B] muß sich, damit eine nichtgerechtfertigte Benachteiligung des [A] vermieden wird, so behandeln lassen, *als sei dieser Wert zunächst seinem Vermögen zugeflossen*"[104]. Wir können uns von unserem Standpunkt aus diesen Sätzen gegenüber nicht verhehlen: das Anstößige, daß A an B geleistet hat; die Inkonsequenz, daß bei intaktem Valutaverhältnis anscheinend anderes gelten soll (hier soll B die Befreiung von der Forderung des C erlangt haben, siehe oben). Aber was zum Schluß richtig getroffen ist, wenn auch in seiner grundsätzlichen Bedeutung nicht gegenwärtig: die Kategorie der Analogie, die wie von selbst klärt, daß die Kondiktion des A gegen B auf Wertersatz geht, nicht auf Zession der Kondiktion gegen C[105], und die so die Angemessenheit ihres Lösungswegs auch wertungsmäßig unter Beweis stellt; erweist sie doch die zu Recht als unbillig empfundene Belastung des A mit dem Risiko von Einreden des C als von Grund auf verfehlt[106]. *Larenz'* Überlegungen sind damit aber noch nicht voll ausgeschöpft. Es geht ja um den konkreten Vermögenswert des A, und dieser Wert ist niemals im Vermögen des B gewesen; denn das ist, objektiv, der Sinn des Satzes, B müsse sich „so behandeln lassen, als sei dieser Wert zunächst seinem Vermögen zugeflossen"[107].

---

[104] *Larenz* 479. Hervorhebung von mir.
[105] Einzelheiten oben III 2 c.
[106] Siehe auch noch unten VI 5 b. Wir haben hier ein Musterbeispiel dafür, wie ein inadäquates dogmatisches Konzept zutreffende Wertungen verhindert. Der analoge Ansatz stellt von vornherein klar, daß A Einreden des C nicht zu befürchten braucht. Die h. L. dagegen beklagt die Ungerechtigkeit, daß — in konsequenter Anwendung ihrer Bereicherungsdogmatik — A das Einwendungsrisiko gegenüber C zu tragen hat, und weiß zudem einen überzeugenden Ausweg aus dem Dilemma nicht aufzuzeigen. Siehe etwa *Medicus* Rdn. 670, 673 und *Koppensteiner / Kramer* 43 f. gegen *Canaris* 811 ff., 819. Die h. L. verhindert aber nicht nur richtige Wertungen, sie vermag auch nicht zu differenzieren. Von ihrem Standpunkt aus trifft A das Einwendungsrisiko gegenüber C ebenso wie das Risiko der Insolvenz des C (dazu nur *Koppensteiner / Kramer* 41 f., 43 f.; entsprechend pauschal ist die Kritik *Canaris'*). Richtig gesehen kann nur die Insolvenz des C dem A nachteilig werden: wenn der zum Wertersatz verpflichtete B sich im Rahmen des § 818 Abs. 3 BGB auf die Wertlosigkeit seiner Kondiktion gegen C berufen kann (vgl. auch die zutreffende Unterscheidung bei *Larenz*, 10. Aufl. S. 413), eine Frage, die hier nicht weiter zu erörtern ist. Siehe immerhin *Larenz* 479 f.
[107] „Wer behauptet: es sei so gut, als ob dies und das geschehen w ä r e , sagt damit aus, daß es nicht geschehen ist." *Jhering*, Jahrb. f. Dogmatik 2, 1858, S. 145 Fußn. 75. Daß *Larenz* sich der Tragweite seiner Formulierungen nicht bewußt ist, zeigt seine Berufung auf *Köndgen* 63 f. und 74. *Köndgen* spricht davon, daß der „wirtschaftliche Wert den Durchgang durch das Vermögen des Anweisenden nimmt", daß der Anweisende „nicht den dem Empfänger zugewendeten Gegenstand selbst, sondern dessen wirtschaftlichen Wert erlangt hat" — und alles natürlich durch Leistung des Angewiesenen an den Anweisenden. „Das versteht sich freilich nur dann von selbst, wenn man... die von den Kausalverhältnissen gelenkten Wertbewegungen nach-

c) Noch in einem weiteren Punkt kommt *Larenz* der hier vertretenen Auffassung näher.

Als ausgesprochen wohltuend empfinde ich, wie *Larenz* die Erörterung der einfachen Anweisungsfälle einleitet: hier handele A „auf Veranlassung" des B[108]. An anderer Stelle bemerkt *Larenz* dem Sinne nach, der Gedanke der Veranlassung werde „oft übersehen"[109]. Die Veranlassung durch B ist in der Tat mit ein Schlüssel zur richtigen Lösung der Dreiecksfälle und als wesentliches Element des Tatbestands, wie wir ihn entwickelt haben, oben beschrieben worden[110]. *Larenz'* Betonung der Veranlassung impliziert freilich einen spezifischen Gegensatz zur h. L. etwa in der Darstellung *Essers*, die man insoweit geradezu eine Hypertrophie, ja eine Ideologie des Leistungszwecks nennen möchte. Man kann bei *Essers* Apperzeption des (regulären) Anweisungsfalles den Eindruck einer fast magischen Verabsolutierung des Leistungszwecks gewinnen, die die Berücksichtigung anderer Gesichtspunkte weitgehend tabuisiert. Auf die Zahlung von A an C kann allerdings auch *Esser* nicht ganz verzichten, wiewohl sie von dem Leistungszweck sofort überdeterminiert wird: „Die Rückabwicklung rechtsgrundloser Vermögensverschiebung hat also den Akzent nicht so sehr auf den faktischen Leistungsvorgang zu setzen als vielmehr auf die Verfehlung des mit diesem (oder jeder anderen Güterbewegung) verfolgten Zwecks[111]." Doch von der Anweisung, der „Veranlassung", dem Einverständnis des B mit der Zahlung von A an C ist mit keinem Wort die Rede. „Man kann die Bereicherungs-Perspektive dahin veranschaulichen, daß hier aus der rechtlichen Zielvorstellung eines Verschiebungsvorgangs anvisiert wird, ob der Erwerb von „einer zwischen dem Kondizenten und dem Erwerber vorgegebenen wirksamen Planungsgrundlage" gedeckt ist[112]." Folglich läßt *Esser* bei der Entwicklung der „Grundsätze" für die Beurteilung der Dreiecksverhältnisse[113] den Willen des B völlig außer Betracht, derart im übrigen, daß man versucht ist zu sagen, die Unterschätzung der Weisung des B und der Vermögensverschiebung von A an C für den Tatbestand der Kondiktion von A gegen B führe notwendig zu

---

vollzieht." An diesen Äußerungen interessiert jetzt nur noch en passant die selbstsichere, der Auseinandersetzung anscheinend nicht bedürftige Kehrtwendung (Wird nicht allgemein gelehrt, B habe die Befreiung von der Forderung des C, die Kondiktion gegen C erlangt?).

[108] 468.
[109] 480, im Zusammenhang mit § 267 BGB. Die Aussage ist aber durchaus verallgemeinerungsfähig.
[110] III 2 und 3.
[111] 338.
[112] 338. Zitat im Zitat: *Rothoeft*, AcP 163, 268.
[113] 344 f.

einer Art der Darstellung, in der das Verständnis des Problems bei seiner Erklärung vorausgesetzt wird.

4. Canaris

Es ist eingangs *Canaris'* Kritik an der modernen Lehre bemängelt worden. Einerseits lehnt *Canaris* den Leistungsbegriff ab, andererseits setzt er ihn als „bereicherungsrechtlich folgerichtig" voraus, sucht dann aber als prekär empfundene Resultate mit Hilfe einer ganzen Skala von Wertungskriterien zu korrigieren[114]. Wir können jetzt den Grund für *Canaris'* Unbehagen am Leistungsbegriff genauer bestimmen. Der Tatbestand zum Beispiel für die Kondiktion von A gegen B, der, sieht man von der Zweckverfehlung ab, mit dem Leistungsbegriff identisch ist (bewußte, zweckgerichtete Vermögensmehrung durch A bei B), weist einen maßgeblichen Wertungsgesichtspunkt gar nicht auf: die Weisung des B (und enthält zudem einen anderen, der realiter gar nicht existiert: die Vermögensvermehrung bei B). *Canaris'* Betonung von Wertungen ist also prinzipiell berechtigt, und insoweit versteht man, wenn *Canaris* sich nicht die „Aufgabe der Lehre von der Leistungskondiktion" zum Ziel setzt, sondern deren „folgerichtige Fortbildung"[115]. Überraschend ist dennoch die Beibehaltung des für ungeeignet gehaltenen Leistungsbegriffs, was dazu führt, daß Begriff (Tatbestand) und Wertung unverbunden nebeneinander existieren[116]. Was *Canaris* an der h. L., die bekanntlich auch wertet, tadelt: „daß sie Begriff und Wertung nicht zur Deckung bringt"[117], gilt auch für *Canaris* selbst. *Canaris* würde das vermutlich gar nicht leugnen; hat doch in seinen Augen die von ihm vertretene Lösung jedenfalls den Vorteil, daß sie, im Gegensatz zur traditionellen Lehre, die Wertungsgesichtspunkte sachgemäß zu ordnen vermag. Der untaugliche Begriff behauptet also seinen Platz — ein anscheinend unabänderliches Schicksal des Bereicherungsrechts. Für das Selbstverständnis dogmatischer Jurisprudenz kein ermutigender Befund.

Auf die Formulierung eines voll anwendbaren Leistungsbegriffs kann indessen schwerlich verzichtet werden, weil auf die Formulierung eines Tatbestandes nicht verzichtet werden kann. Und auf die Formulierung eines Tatbestandes wiederum kann nicht verzichtet werden, weil es auf die Formulierung der maßgebenden Wertungsgesichtspunkte ankommt, damit sie nicht in einem Überangebot von

---

[114] Charakteristisch die Behandlung des Doppelmangels. *Canaris* 819 f. Siehe ferner 809, 811, 812.
[115] 812.
[116] Siehe *Canaris* 800, 858 f., 859 und passim.
[117] 857.

Wertungen untergehen[118]. Freilich, die Gefahr von Entscheidungen, die von denjenigen abweichen, auf die man sich (einem sich durchsetzenden Sachzwang folgend, wie es scheint) zu einigen beginnt, besteht bei *Canaris* weniger. Wohl aber bedeutet sein Verzicht auf eine (Neu-) Formulierung des Leistungsbegriffs und damit auf die Formulierung eines präzisen Tatbestands, daß unmaßgebliche Wertungen attrahiert und problematisiert werden (mit der Folge einer unnötigen Komplizierung der Materie) und daß die Erkenntnis über „den inneren Zusammenhang, das Rangverhältnis und die Tragweite der einzelnen Gesichtspunkte", die sich *Canaris*[119] von seiner Lösung gegenüber der h. L. verspricht, gerade nicht gefördert wird. Dazu ein Beispiel.

Im Fall fehlender Anweisung wegen Geschäftsunfähigkeit des B etwa ist es nach unserem Konzept unmittelbar einsichtig, warum (bei welcher Fallgestaltung im übrigen auch immer) eine Kondiktion von A gegen B ausscheiden muß und nur eine Kondiktion von A gegen C diskutabel ist. Der Anweisende erlangt von der — wenn auch mit Zwecksetzung ihm gegenüber vorgenommen — Leistung von A an C nichts, und es kommt deshalb auf seinen rechtserheblichen Willen, eben die Anweisung, an, wenn ihn wie die Rechtsfolge der Erfüllung so diejenige der bereicherungsrechtlichen Verpflichtung zur Herausgabe treffen soll[120]. Insofern gelten für die Beurteilung der Rechtsstellung des Anweisenden die Regeln über die Zurechnung von Willenserklärungen, im Fall des geschäftsunfähigen B also die Vorschrift des § 105 Abs. 1 BGB. Danach ist seine Willenserklärung nichtig, und sie ist dies kraft des dem Geschäftsunfähigen gewährten absoluten Schutzes ohne Rücksicht auf die Interessen seiner Geschäftspartner. Infolgedessen kann es eine Kondiktion des A gegen B nicht geben. Im Ergebnis ist auch *Canaris* dieser Meinung, und auch *Canaris* bezieht in seine Überlegungen den vom Gesetz vorgesehenen Schutz des Geschäftsunfähigen ein[121]. Doch ist dieser Gedanke nur einer unter anderen und bezeichnenderweise nicht einmal der primär erörterte. Da der Rang und der Stellenwert des Arguments nicht erkannt sind, thematisiert *Canaris* (unter zusätzlicher Annahme eines defekten Valutaverhältnisses) zunächst die Schutzwürdigkeit von A und C und stellt in diesem Rahmen Erwägungen an, die, als Feinheit einer wertungs-

---

[118] Auf „die einschlägigen Wertungsgesichtspunkte unmittelbar zurückzugreifen", wie *Canaris* 859 (vgl. auch 800) vorschlägt, scheint mir zudem für seinen Standpunkt widersprüchlich zu sein, weil erst der Tatbestand angibt, welche Wertungsgesichtspunkte einschlägig sind. Zur Problematik einer sog. offenen Wertung, wenn tatbestandsmäßig eine Ausgangswertung fehlt, siehe etwa *Kupisch*, JZ 1977, 486, 487, 496 f.
[119] 858.
[120] Siehe schon oben bei Fußn. 61.
[121] 821 f.

mäßigen Differentialanalyse gemeint, in Wahrheit den für die h. L. typischen methodischen Fehlansatz widerspiegeln, der ja ein integraler Bestandteil auch der von *Canaris* vorgeschlagenen Lösung ist[122].

Man wird das Vorstehende nicht als wohlfeile Demonstration der eigenen Meinung mißverstehen. Es geht um Grundfragen und darum, durch Aufzeigen der Irrwege das allgemeine Verständnis bereit zu machen, einen relativ einfachen Sachzusammenhang wie den der Analogie richtig zu erkennen und sachgerecht zu handhaben. Wie außerordentlich schwer das anscheinend fällt, zeigt sich wiederum an *Canaris*. Es wurde schon erwähnt[123], daß *Canaris* den bei *v. Caemmerer* zu beobachtenden analogen Ansatz mit Entschiedenheit verwirft. Die Kritik gipfelt in dem Satz (es geht um Doppelmangel): „Eine ganz andere Frage ist, ob der Erstkäufer den Erstverkäufer nicht bereicherungsrechtlich so zu stellen hat, als *hätte* ein Durchgangserwerb stattgefunden. Das ist zu bejahen ..." *Canaris* lehnt also *v. Caemmerer* ab, weil in seiner — *Canaris'* — Sicht *v. Caemmerer* einen Eigentumserwerb des Erstkäufers befürwortet (Durchgangserwerb). Dagegen setzt *Canaris* seine Formulierung. Und wie versteht er diese? Zunächst so, daß der modernen Lehre gemäß A von B an sich nur die Kondiktion des B gegen C kondizieren kann, daß aber dann „im Wege einer offenen Rechtsfortbildung" A sich die Einwendungen des C und dessen Konkurs nicht entgegenhalten zu lassen braucht[124]. Es liegt jetzt auf der Hand, daß diese Auffassung dem Gedanken der Analogie das Wesentliche schuldig bleibt und auch darin irrt, daß sie Einreden und Konkursrisiko in einen Topf wirft[125].

Auf welche Pfade bei *Canaris* die Analogie in der Tat gerät, mag zuletzt folgendes illustrieren. Im Rahmen der Erörterung, von wem bei fehlerhafter Anweisung (Geschäftsunfähigkeit des B zum Beispiel) A kondizieren kann, bildet *Canaris* den Fall einer Veräußerungskette mit Geschäftsunfähigkeit des B. Hier gibt es einen Durchgriff (Vindikation) des A gegen C, es sei denn, B hatte gemäß §§ 946 ff. BGB wirksam Eigentum erworben. Demgegenüber hat im Anweisungsfall A immer die Kondiktion gegen C. Diese Rechtslage veranlaßt *Canaris*[126] zu der Bemerkung: „Darin liegt ... zugleich der wesentliche Unterschied zur Bereicherungskette, die somit nicht in jeder Hinsicht als Analogiebasis

---

[122] So zum Beispiel meint *Canaris* 821, daß A gegen B wegen des Zurechnungsmangels „allenfalls einen gewöhnlichen, nicht einen einwendungsunabhängigen Bereicherungsanspruch" haben könnte, was besagen soll, daß A sich nach Abtretung der Kondiktion, die B gegen C zusteht, die Einreden des C entgegenhalten lassen muß.
[123] Oben bei Fußn. 99.
[124] *Canaris* 813, 819.
[125] Oben Fußn. 106.
[126] 822.

für die Anweisungsproblematik tauglich ist." Auf Anhieb ist nicht zu erkennen, was hier falsch ist: *Canaris* zieht die Begründung im Wege der Analogie prinzipiell auch für die Kondiktion des A gegen C in Betracht, die in Wahrheit dann gegeben ist, wenn die Voraussetzungen einer Analogie gerade nicht vorliegen[127].

5. Wilhelm, Jhering

Ein besonderes Wort verlangt schließlich die Behandlung, die *Jan Wilhelm* unserem Thema hat angedeihen lassen. Ich muß dazu eine die Entstehungsgeschichte der vorliegenden Arbeit betreffende Bemerkung vorausschicken. Ich bin in einem relativ frühen Stadium meiner Überlegungen auf die Untersuchungen *Wilhelms* gestoßen und hatte zunächst den Eindruck, daß die von mir für maßgeblich angesehene Figur der Analogie in ihnen bereits erkannt worden war. Bei näherem Zusehen ergab sich indessen ein anderes, ja ein höchst verwirrendes Bild, so daß ich, vereinfacht gesagt, bei der Weiterentwicklung meines Konzepts *Wilhelm* beiseite ließ. Jetzt, sozusagen, kehre ich zu *Wilhelm* zurück.

a) *Wilhelms* Absicht ist, kurz gesagt, darauf gerichtet, das gesetzliche Tatbestandsmerkmal „auf Kosten" hinsichtlich der Leistungskondiktion wieder in seine angestammten Rechte einzusetzen[128]. Ein Argument ist dabei die an sich richtige Feststellung, daß die Lösung des Bereicherungsausgleichs im Dreiecksverhältnis eine Frage „notwendiger juristischer Bewertung" sei[129]. *Wilhelm* formuliert u. a. zutreffend, die Forderung des Anweisenden gegen den Angewiesenen erlösche genauso, „*wie wenn* der Angewiesene die Leistung dinglich in das Vermögen des Anweisenden erbringt"[130], eine Formulierung in Anlehnung an das mitgeteilte Zitat *Savignys* (System V 50): „... als wäre die Tradition in der Tat an mich geschehen, und darauf weiter von mir an den Dritten vorgenommen worden". *Wilhelm* sieht auch die Parallele zwischen dem Verlust der Forderung des B und der bereicherungsrechtlichen Verpflichtung des B[131]. Aber dazwischen[132] stoßen wir auf den Satz, daß durch die Zahlung des A an C „der Leistungsgegenstand in einer dem dinglichen Durchgang durch das Vermögen des Anweisenden *vermögensmäßig* und *deshalb rechtlich gleich-*

---

[127] Vgl. oben III 2 und 3. Ähnlich wie *Canaris* anscheinend auch *Lorenz*, JZ 1968, 51, 52 l. Sp.
[128] *Wilhelm* 109 ff. und passim; JuS 1973, 1 ff. und passim.
[129] 114.
[130] 118. Hervorhebung von mir.
[131] 114, 115; JuS 1973, 3 l. Sp.
[132] *Wilhelm* 116, 133; JuS 1973, 3 l. Sp. Hervorhebung im folgenden Zitat von mir.

stehenden Weise zu Lasten des Vermögens des Anweisenden dem Empfänger" zukomme. Unser Blick ist jetzt geschärft. Mit der rechtlichen Gleichstellung können wir uns befreunden. Doch was soll, ihr außerdem zugrunde liegend, die „vermögensmäßige", „zu Lasten des Vermögens des Anweisenden" gehende Gleichstellung bedeuten? Das könnte sich sinnvoll nur auf eine Gleichstellung unter anderen normativen Gesichtspunkten als rechtlichen beziehen, nicht auf eine Gleichstellung im Bereich des Tatsächlichen. Das wäre ein Unding, von dem wir aber nach allem nicht mehr annehmen können, daß es auszuschließen ist. In der Tat, exakt darauf scheinen *Wilhelms* Überlegungen hinauszulaufen. *Wilhelm* operiert mit einer in spezifischer Weise vor sich gehenden „Inkorporation" des von A an C erbrachten Leistungsgegenstands in das Vermögen des B: „Inkorporation eines Gegenstands in das eigene Vermögen durch Disposition über diesen Gegenstand[133]." Das heißt: Indem A anweisungsgemäß an C zahlt, verschafft er dem Anweisenden B „*in Gestalt der Durchführung der Disposition des Anweisenden über den Leistungsgegenstand* den Leistungsgegenstand selbst, bei der Übereignung eines Grundstücks auf Anweisung des Käufers an dessen Abkäufer also das Grundstück"[134]. Derselbe Gedanke wird an anderer Stelle so ausgedrückt: Die Kondiktion des A gegen B sei die Kondiktion „einer datio, einer willentlichen Vermögensverschiebung in deren abstraktester Form"[135]. *Wilhelm* spricht auch davon, daß „der Leistungsgegenstand als solcher dem Vermögen des Anweisenden zuzurechnen ist", worauf dann folgt, daß A sich an denjenigen (nämlich an B) halten muß, „in dessen Vermögen er den Leistungsgegenstand erbracht hat"[136]. Schließlich läßt *Wilhelm* erkennen, daß er an einen „Durchgang" der Anweisungsleistung durch das Vermögen des B denkt. Der Leser freilich ist sich nicht ganz sicher, wie er diesen Durchgang, der vom „dinglichen" unterschieden werden soll, zu verstehen hat[137].

Nicht erst das Stichwort „datio" hat uns hellhörig gemacht. *Wilhelm* sagt ausdrücklich, worum es ihm geht: entgegen der herrschenden Lehre „die Leistungskondiktion in den Tatbestand der Bereicherung aus dem Vermögen des Gläubigers wieder einzuordnen und die Leistung i. S. des Gesetzes als die Bereicherung des Schuldners aus dem

---

[133] 115, 118; vgl. auch 129.

[134] *Wilhelm* 122 (Hervorhebung von mir); vgl. auch 118. Es ist nicht ohne Reiz festzustellen, daß *Wilhelm* (122) sich auf v. *Caemmerer* beruft, der bei *Canaris* so wenig Gegenliebe findet. Oben bei Fußn. 98.

[135] *Wilhelm* 117, 133, 149.

[136] 115, vgl. auch 122.

[137] Siehe *Wilhelm* 116, 119, 121, 122, 131 und passim; auch JuS 1973, 1, 4 l. Sp., 5 r. Sp.

Vermögen des Gläubigers ... zu bestimmen"[138]. Wir sind mit diesem Programm weder für das Zwei-Personen-Verhältnis einverstanden, noch und vor allem für das Dreiecksverhältnis. Die Vermögensverschiebung ist kein generelles Kriterium der Leistungskondiktion, und das Tatbestandsmerkmal „auf Kosten" (= „aus dem Vermögen") ist von *Wilhelm* nicht sachgerecht erfaßt worden[139]. Bei allem Unbehagen an der modernen Lehre hat *Wilhelm* sich von deren Prämissen nicht zu befreien vermocht. Wir brauchen im wesentlichen nur zu repetieren. Es begegnet bei *Wilhelm* dasselbe Mißverständnis, das in unseren Augen die Behandlung des Themas von jeher geprägt hat: Auch *Wilhelm* sucht der Kondiktion des A gegen B einen Tatbestand der Leistung von A an B, ja sogar der Vermögensverschiebung von A an B zuzuordnen[140]. In welcher Tradition *Wilhelm* damit steht, gibt er selbst zu erkennen, wenn er sich zur Abstützung seiner Thesen auf die ältere Lehre beruft und deren Formel: unmittelbare Vermögensverschiebung durch mittelbare Zuwendung[141], außerdem aber auch feststellt, „realiter" sei (bei nichtigem Valutaverhältnis) das Vermögen des B „nur um einen Bereicherungsanspruch vermehrt"[142], eine Feststellung, die im übrigen wieder ein Indiz dafür ist, daß *Wilhelm* mit „Vermögensverschiebung", „Bereicherung aus dem Vermögen des Gläubigers" und „Durchgang" nicht das meint, was die Worte gemeinhin besagen.

Daß *Wilhelm* die Rückkehr zu einem präzisen Tatbestand anstrebt, kann nicht nachdrücklich genug unterstützt werden. In der Weise *Wilhelms* geht es indessen nicht. Zwischen A und B hat keine datio, keine Vermögensverschiebung stattgefunden. Überlegungen, die einen solchen Vorgang plausibel machen wollen, müssen auf Kosten des gemeinen Verständnisses notwendig ins Spekulativ-Zwielichtige abgleiten, weil sie ein Sein formulieren wollen, wo es um ein Sollen geht[143]. Mit anderen Worten: Der Grund für die zuweilen recht gezwungen wirkenden Bemühungen *Wihelms*, den Leser von einer Vermögensverschiebung zwischen A und B zu überzeugen, liegt darin, daß *Wilhelm* der problemerhellende, analoge Zusammenhang entgeht, dessen Pointe gerade ist, daß A von B kondizieren kann, obwohl eine Vermögensverschiebung (Leistung) von A an B nicht vorliegt. Wir können *Wilhelms* Fehlgriff noch präzisieren. *Wilhelm* betont für die Konstituierung des maßgebenden Tatbestands an sich richtig die Be-

---

[138] 108; vgl. auch JuS 1973, 6 l. Sp.
[139] Siehe oben III 4 am Ende und unten V 1 sowie V 2 (Leistungsbegriff).
[140] Vgl. oben IV 1 und 2.
[141] 118; JuS 1973, 3 r. Sp.
[142] 122, 128.
[143] Wir können uns deshalb die Behandlung der Problematik einzelner Formulierungen sparen. Siehe nur die Zitate oben Fußn. 132 ff.

IV. Diskussion der vorgeschlagenen Lösung

deutung der Anweisung des B und der anweisungsgemäßen Zahlung von A an C (in der Sprache *Wilhelms:* „Disposition des Anweisenden" und „Ausführung der Disposition durch den Angewiesenen"[144]), beides Daten, die es rechtfertigen, den Tatbestand x (Anweisungsfall) dem Tatbestand y (Vermögensverschiebung vom Kondiktionsgläubiger an den Kondiktionsschuldner) rechtlich gleich zu behandeln. Wenn *Wilhelm* aber als Voraussetzungen der Rechtsfolge y für den Tatbestand x außer den Merkmalen der Anweisung und der anweisungsgemäßen Zahlung auch eine Vermögensverschiebung von A an B verlangt, dann verfehlt er das für die Analogie ebenso wesentliche Moment der Ungleichheit der Tatbestände x und y[145].

Man mag sich fragen, warum *Wilhelm,* der seine Arbeit in der rechtsgeschichtlich-romanistischen Tradition zu verankern sucht, den Analogiegehalt einer für Analogie so typischen Wendung wie derjenigen *Savignys* verkannt hat. Das dürfte zunächst mit der auch für *Wilhelm* charakteristischen, von ihm selbst deutlich genug ausgesprochenen Grundauffassung zusammenhängen, daß gemäß dem Gesetz B durch Leistung des A etwas erlangt haben muß, wenn er A kondiktionsrechtlich verpflichtet sein soll[146]. Hinzu kommt die von *Flume* zu § 818 Abs. 3 BGB entwickelte Lehre, wonach „der Bereicherungsschuldner den empfangenen Gegenstand dem eigenen Vermögen inkorporiert und deshalb das Schicksal des eigenen Vermögens zu tragen hat, wenn er den Gegenstand kraft eigener Vermögensentscheidung hält oder einsetzt"[147] — eine Lehre, deren Sachferne zu unserem Thema (jetzt) auf der Hand liegt[148], die aber *Wilhelm* dazu inspiriert hat, „den Gedanken der Inkorporation eines Gegenstands in das eigene Vermögen durch Disposition über diesen Gegenstand auf den Bereicherungsausgleich bei Anweisungsleistungen" zu übertragen[149]. Schließlich muß man zu *Wilhelm* berücksichtigen, daß es im heutigen Bereicherungsrecht überhaupt schwer zu fallen scheint, die Tragweite einer

---

[144] *Wilhelm* passim; JuS 1973, 4 l. Sp. Die Rede von „Disposition" anstelle von Weisung ist freilich nicht ungefährlich. Siehe unten Fußn. 211.

[145] Im einzelnen oben III 1 und 2. *Wilhelms* Fehler setzt sich folgerichtig bei der Beurteilung der Lage im Valutaverhältnis fort. *Wilhelm* spricht etwa davon, daß C „aus dem Vermögen" des B erworben hat (119 f.; siehe auch JuS 1973, 3 r. Sp.), daß „die Anweisungsleistung nicht als Leistung an den Empfänger aus dem Vermögen des Anweisenden durchdacht worden ist" (121).

[146] Oben bei Fußn. 138.

[147] Formulierung bei *Wilhelm* 115. Siehe *Flume,* Festschrift Niedermeyer, 1953, S. 103, 155 ff.

[148] Die Frage kann nur die einer Übertragung der mit Hilfe von *Flumes* Lehre für das Zwei-Personen-Verhältnis gefundenen Ergebnisse auf die Lage bei der Anweisung sein — per analogiam.

[149] 115. Siehe schon oben bei Fußn. 133.

Formulierung zu erkennen, die traditionell Analogie anzeigt[150]. Insoweit bewegt *Wilhelm* sich allerdings in einer Art Zwischenbereich, der noch ein besonderes Wort verlangt.

b) *Wilhelm* beruft sich für seine Konzeption der Vermögensverschiebung von A an B auch auf Äußerungen *Jherings* in den Jahrbüchern für Dogmatik[151]. *Jhering* wendet sich dort gegen die von Zeitgenossen zur Erklärung der Solution vertretene Ansicht, bei anweisungsgemäßer Zahlung von A an C finde ein sachenrechtlicher Durchgang durch das Vermögen des Anweisenden B statt[152]. *Jhering* bemerkt u. a.: „Die einfachste natürlichste Form der Vermögensvermehrung, wie sie durch die Leistung bezweckt wird, ist die sichtbare, greifbare, der reelle Übergang der schuldigen Sache aus dem Vermögen des Schuldners in das des Gläubigers. Aber derselbe Erfolg kann auch ohne diesen reellen Vorgang eintreten". Diese Vorstellung *Jherings* wäre, soweit sie für eine Vermehrung des Vermögens des B um den von A an C geleisteten Vermögenswert herangezogen würde, unrichtig. Doch hören wir *Jhering* weiter: „Wenn der Gläubiger eine Sache bloß zu dem Zweck einer bestimmten einmaligen Disposition gebrauchen will, z. B. einen gefangenen Vogel, um ihm die Freiheit zu geben, Raketen, um sie steigen zu lassen, so ist ihm, wenn der Schuldner, ohne ihm die Sache zu tradieren, auf sein Geheiß die bestimmte Disposition vornimmt, die Sache nicht minder z u g u t e g e k o m m e n, hat (sie) ihm nicht minder den gewünschten Dienst geleistet, als ob sie ihm tradiert worden wäre. Es ist hier also nicht etwa auf seinen Wunsch die Zahlung u n t e r b l i e b e n, sondern sie ist g e s c h e h e n, denn sie geschieht durch die Anerkennung und Ausführung seiner Verfügungen von Seiten des Schuldners. Die Tradition ist also zum Zweck der Zahlung keineswegs erforderlich, nicht für den S c h u l d n e r, denn er leistet, verliert die Sache, auch ohne daß er

---

[150] Oben bei Fußn. 97 ff., Fußn. 123 ff.
[151] 2, 1858, 136 ff.
[152] In der Weise: C erwirbt zunächst als Vertreter für B und anschließend für sich mittels brevi manu traditio von B. Also Durchgangserwerb für eine logische Sekunde. Vgl. *Jhering* 134. Die von *Jhering* bekämpfte Ansicht stützte sich auf römisch-rechtliche Quellen, die Formulierungen aufweisen, denen diejenige *Savignys* (oben nach Fußn. 130) fast bis aufs Wort nachgeahmt ist. Dazu schlagend *Jhering* 145 Fußn. 75: „Wer behauptet: es sei so gut, als ob dies und das geschehen w ä r e, sagt damit aus, daß es nicht geschehen ist." *Jhering* will allenfalls eine Fiktion gelten lassen (dazu noch unten Fuß. 160). Demgegenüber wird in der heutigen Romanistik den Römern wieder ein realer Durchgangserwerb zugeschrieben — bei der im Zuge der vorliegenden Untersuchung festgestellten Unsicherheit, was die Beurteilung von Wendungen betrifft, die der Sache nach Analogie anzeigen, nicht überraschend. Gegen Durchgangserwerb bei der römischen Delegation *Kupisch*, Zeitschrift der Savigny-Stiftung f. Rechtsgesch., Rom. Abtlg., Bd. 93, 1976, S. 60 ff., wo allerdings die folgenden Ausführungen zu *Jhering* noch nicht berücksichtigt sind. Sicher ferner noch unten Fußn. 159.

tradiert, nicht für den G l ä u b i g e r , denn er empfängt, gewinnt, verwendet die Sache, auch ohne daß er sie in die Hände bekommt. Das Empfangene liegt in dem Z u g u t e k o m m e n , das Zugutekommen in der D i s p o s i t i o n." Auch nach *Jhering* ist also — die beiden ersten Beispiele belegen das mit wünschenswerter Klarheit — der Vermögenswert des Schuldners (die „schuldige Sache") niemals in das Vermögen des Gläubigers gelangt. Wenn *Jhering* dennoch einer Zahlung vom Schuldner an den Gläubiger, einer Vermögensvermehrung beim Gläubiger „ohne den reellen Vorgang" der Übergabe das Wort redet, so erkennen wir jetzt darin die mit hohem verbalen Aufwand und nicht ohne Widersprüche betriebene, in Spiritualisierung ausmündende Postulierung einer Zahlung vom Schuldner an den Gläubiger, die um Fakten kreist, die zwischen dem Schuldner und dem Gläubiger die Rechtsfolgen einer Zahlung rechtfertigen, dieserhalb aber keine Zahlung vom Schuldner an den Gläubiger darstellen[153] oder besser: darstellen müssen. Das letztere deswegen, weil wir — und das ist gar nicht verwunderlich — nun auch bei *Jhering* auf die auch für den derzeitigen Zustand der Bereicherungsdogmatik mit ursächliche Erscheinung stoßen: daß dann, wenn zwischen A und B die Rechtsfolgen einer Zahlung (Vermögensverschiebung, Leistung) für richtig befunden werden, dazu auch der Tatbestand einer Zahlung (Vermögensverschiebung, Leistung) von A an B vorausgesetzt wird. Natürlich bleibt, wie wir gesehen haben, *Jhering* nicht verborgen, daß die Annahme einer „reellen" Zahlung nicht angeht. Doch meint *Jhering* im Hinblick auf die Entwicklungsgeschichte des Rechts überhaupt eine Zahlung erkennen zu können, eine, wie sie mit *Jhering* selbst zu nennen wäre, ideelle, übersinnliche Zahlung[154]. Denn *Jhering* leitet die Abhandlung, aus der wir zitiert haben, mit den Worten ein: „Wie auf allen Gebieten des menschlichen Denkens der Weg zum Übersinnlichen durch das Sinnliche hindurchgeht, so auch auf dem des Rechts." Woraufhin *Jhering* dann alsbald diesen Entwicklungsgang auch für den „Begriff der Vermögenszuwendung" bejaht. Und im Verlauf der Untersuchung spricht *Jhering* von den „rein idealen Vorgänge(n)" einer von der sinnlichen Form des Gebens emanzipierten Vermögenszuwendung[155].

Die Position *Jherings*, der mit den Fesseln eines gesetzlichen Tatbestands nicht zu kämpfen hatte, erscheint uns verständlich, indem wir sie zurückführen auf das für den juristischen Positivismus kenn-

---

[153] Bzw. keine Vermögensverschiebung. *Wilhelms* Entsprechung zu *Jhering* ist in der Tat perfekt. Vgl. nochmals die Zitate oben bei Fußn. 133 ff.
[154] Vgl. auch *Wilhelms* „Vermögensverschiebung in deren abstraktester Form". Oben Fußn. 135.
[155] Jahrbücher cit. 2, 135, 138.

zeichnende Denken in naturwissenschaftlichen Kategorien[156]. In casu wäre es die Kategorie der Kausalität, wonach zwischen A und B die Rechtsfolgen (Wirkungen) einer Zahlung nicht gegeben sein können ohne einen Tatbestand der Zahlung zwischen A und B als Ursache eben dieser Rechtsfolge. Ich habe diese Denkweise andernorts an der Geschichte der Vormerkung zu exemplifizieren gesucht[157]. Eine weitere Ausprägung scheint nun in dem von *Jhering* propagierten Tatbestand einer vergeistigten Zahlung vorzuliegen. Dabei sind beide Fälle auch insoweit gleich gelagert, als sie mit dem thema probandum ganz wesentlich verknüpft sind. Wer sich überhaupt — bewußt oder unbewußt — im Bereich des Rechts an naturgesetzlichen Kausalzusammenhängen orientiert, dem ist die Einsicht in das Recht als Wertungsordnung prinzipiell verschlossen und damit die Einsicht in das Wesen der Analogie[158]. Denn Analogie heißt Wertung, heißt das Gegenteil von Ursache und Wirkung, heißt Geltung der Rechtsfolge des Tatbestands y für den Tatbestand x. Konkret gesagt: Zwischen A und B gelten die Rechtsfolgen einer Zahlung, obwohl zwischen A und B der Tatbestand einer Zahlung nicht gegeben ist[159]. Die Annahme einer „rein idealen" Zahlung ist ebenso spekulativ wie gegenstandslos[160].

---

[156] Dazu nur *Wieacker*, Privatrechtsgeschichte d. Neuzeit, 2. Aufl. 1967, S. 433 ff., 563 ff.
[157] JZ 1977, 486, 491 f.
[158] Vgl. dazu nur *Esser*, Rechtsfiktionen, 2. Aufl. 1969, S. 128 ff., 132 ff. Für *Essers* Bereicherungsrecht sind die dortigen Einsichten offensichtlich nicht fruchtbar geworden.
[159] Besonders krass wird die Analogie mit der Annahme eines dinglichen Durchgangs durch das Vermögen des Anweisenden für eine logische Sekunde (oben Fußn. 152) verfehlt. Es geht ja gerade um die (schuldrechtliche) Beurteilung der Übereignung von A an C, nicht um deren Auflösung in eine Übereignung von A an B und von B an C. Das liefe der auf Analogie abzielenden Frage diametral zuwider.
[160] *Jherings* „ideale" Zahlung ist im übrigen nicht identisch mit der Fiktion einer Zahlung. Die „gedachte Tradition" (und damit den gedachten Durchgang) hält *Jhering* als Denkhilfe für zulässig. Jahrbücher cit. 2, 138. Eine der Wirklichkeit nicht entsprechende Annahme ist freilich nicht weniger als die vergeistigte Zahlung ein Indiz dafür, daß der Sensus für die Essenz der Analogie fehlt. Charakteristisch in meinen Augen auch *Windscheid*, Die indirekte Vermögensleistung, Leipziger Festgabe für Otto Müller, 1892, S. 1, 3. Für das Deckungsverhältnis zum Beispiel formuliert *Windscheid*: „A leistet dem B in der Person des C. *B ist Leistungsempfänger,* C ist Empfangsperson" (Hervorhebung von mir). Damit ist für *Windscheid* die Feststellung, daß die Leistung von A an C als eine B „gemachte gelten (soll)" (*Windscheid / Kipp* II 808 Fußn. 8), anscheinend wie selbstverständlich identisch mit einer Seinsaussage, wodurch die Vernachlässigung des wertungsmäßigen Zusammenhangs offenbar und die Rechtsanwendung gewissermaßen kurz geschlossen wird. Es versteht sich im übrigen von selbst, daß die Frage: Positivismus und Analogie vorstehend ganz einseitig betrachtet wird. Das Problem bedarf (trotz *Esser*, Rechtsfiktionen) einer umfassenden Untersuchung. Vgl. bereits *Jhering*, Jahrb. zit. 1, 14 ff. (Systematisierung der Analogie, dazu auch unten bei Fußn. 164).

IV. Diskussion der vorgeschlagenen Lösung

Wir kommen also über *Jhering* zu einem vertieften Verständnis der Gründe, die es verhindert haben, daß die für unser Thema so wichtige Form der Analogie zutreffend erfaßt worden ist. Der Gedanke an besondere hermeneutische Bedingungen des Positivismus konvergiert dabei durchaus mit dem, was wir in bezug auf die Bedeutung des gesetzlichen Tatbestands zur Erklärung gesagt haben. In Anbetracht einer als selbstverständlich empfundenen Auffassung, daß die bereicherungsrechtliche Verpflichtung zur Herausgabe nur durch einen Tatbestand *bewirkt* werden kann, wonach der Verpflichtete „etwas erlangt" hat, erscheint es plausibel, daß der Gesetzgeber keine Notwendigkeit verspürte, über die Positivierung der Leistungskondiktion, wie sie in § 812 Abs. 1 BGB vorliegt, hinaus Normen für den Ausgleich bei Bereicherung durch Leistung vorzusehen[161]. Die Vorstellung, der gesetzliche Tatbestand beschreibe ausreichend alle nur denkbaren Fallkonstellationen, hätte dann ihrerseits einen naturalistischen Mechanismus ausgelöst (der tradierte wird sozusagen kodifiziert), wobei nicht ausgeschlossen ist, daß diese Vorstellung durch eine fortbestehende Prädisposition, das Sein dem Sollen spezifisch anzugleichen, befördert worden ist.

Zurück zu *Wilhelm*. Trotz seiner problematischen Methode finden sich bei *Wilhelm* zu konkreten Fragen Beobachtungen und Ergebnisse, die zum Teil Zustimmung verdienen und auch mit denjenigen übereinstimmen, die sich in Theorie und Praxis immer mehr durchzusetzen beginnen[162]. Wohl im Hinblick darauf und deswegen, weil sich ohne zutreffende Kritik an der h. L. die methodischen Irrwege *Wilhelms* nicht aufzeigen lassen oder, was dasselbe ist, weil *Wilhelm* zu einer wirklichen Kritik der modernen Lehre nicht vorgedrungen ist, ist man über die Arbeit *Wilhelms* zur Tagesordnung übergegangen[163].

---

[161] Zumal auch die justinianischen Quellen formal kein Problem signalisieten. Oben III 5.

[162] Daß trotz unzureichender Methode zutreffende Ergebnisse erzielt werden können, ist (zum Glück) eine allgemeine Erscheinung. Nur das Ausmaß der Kontroversen verrät dann den Mangel einer einwandfrei formulierten Ausgangswertung. Bei *Wilhelm* kommt hinzu, daß er die Maßgeblichkeit der Regelung der Veräußerungskette für die Beurteilung des Anweisungsfalles im Ergebnis richtig erkannt hat, aber sozusagen in einem methodischen Kraftakt, was der Erörterung im Detail nicht immer bekommt. Vgl. im folgenden.

[163] Gelegentlich nicht ohne Mißverständnisse. Auf einen dinglichen Durchgangserwerb legen *Wilhelm* zu Unrecht fest: *Reeb* 18 f.; *Köndgen* 63, 73 f. Die „Vermögensverschiebung in deren abstraktester Form", die nach *Wilhelm* zwischen A und B vorliegen soll, kommt auch bei *Koppensteiner / Kramer* 40 f. zu kurz. Solche Fehldeutungen gehen aber nicht zuletzt auf *Wilhelm* selbst zurück, auf das Spekulative des Konzepts, wodurch das Eindringen in *Wilhelms* Gedankengänge in verschiedener Hinsicht erschwert wird. Bei *Larenz* ist *Wilhelm*, wenn ich richtig sehe, zu unserem Thema außer in der Literaturübersicht überhaupt nicht berücksichtigt.

6. Ergebnisse

Wir können nach allem die Problematik der Bereicherungsdogmatik im Anweisungsfall mit wenigen Worten so beschreiben:

Die Leistungskondiktion gemäß § 812 Abs. 1 Satz 1 BGB setzt voraus, daß der Kondiktionsschuldner vom Kondiktionsgläubiger durch dessen Leistung (rechtsgrundlos) etwas erlangt hat. Dieser Tatbestand deckt nicht alle regelungsbedürftigen Fälle ab. Bei der Anweisung hat der Anweisende (Kondiktionsschuldner des Angewiesenen) den Leistungsgegenstand nicht erlangt, hat der Anweisungsempfänger (Kondiktionsschuldner) zwar den Leistungsgegenstand erlangt, doch nicht vom Anweisenden (Kondiktionsgläubiger). Es kann deshalb — eingedenk des Satzes vom Widerspruch — nicht gelingen, wenn man die Regelung im Anweisungsfall tatbestandsmäßig dennoch darauf zuzuschneiden trachtet, daß der Kondiktionsschuldner den Leistungsgegenstand erlangt hat bzw. den Leistungsgegenstand vom Kondiktionsgläubiger erlangt hat. Das ist weder über einen besonderen bereicherungsrechtlichen Leistungsbegriff möglich noch gar über den Begriff der Vermögensverschiebung. Alle Bemühungen, dem gesetzlichen Tatbestand den Sinn eines generell anwendbaren zu geben, sind notwendig zum Scheitern verurteilt und dazu, Verwirrung zu stiften. Gerade das ist das Schicksal der bisherigen Bereicherungsdogmatik gewesen.

Weiter hilft nur eine Analogie zur gesetzlichen Vorschrift. Die Analogie läßt auch erkennen, auf welchen gemeinsamen Nenner Zwei-Personen-Verhältnis und Anweisungsfall begrifflich gebracht werden könnten: darauf, daß, wie wir es formuliert haben, der geschuldete Gegenstand dem Gläubiger zur Verfügung gestellt wird[164]. Es ist freilich ebenso wenig möglich, das gesetzliche Tatbestandsmerkmal „Leistung" nun in dieser Weise zu definieren, es sei denn, man will im Anschluß an *Jhering* und *Wilhelm* darin, daß der Anweisende nichts erlangt hat, die ideale Form des Erlangens sehen. Aber auch de lege ferenda würde sich ein einheitlicher Tatbestand auf der Basis eines neuen Leistungsbegriffs nicht empfehlen. Hier zeigen sich, von technischen und anderen Schwierigkeiten abgesehen[165], im Hinblick auf die Rechtsanwendung die Grenzen systematischer Jurisprudenz. Der Leistungsbegriff würde in einem Maß an Anschauung und treffsicherer Orientierungsstütze verlieren, das schwerlich zu vertreten wäre[166]. Legislativ käme vernünftigerweise nur eine Positivierung des analo-

---

[164] Oben bei Fußn. 36.
[165] Dazu noch unten V 5.
[166] Ein so sparsames Instrumentarium wie das der Römer (oben bei Fußn. 72) kann heute nicht mehr beispielhaft sein.

IV. Diskussion der vorgeschlagenen Lösung

gen Anwendungsfalles in Betracht, so wie es der Gesetzgeber von 1896 bei der Erfüllung getan hat (§ 362 Abs. 2 BGB) und wie es § 4 des Teilentwurfs *v. Kübel* für das Bereicherungsrecht und der Eventualantrag *Windscheids* dazu vorgesehen hatten[167].

---

[167] Und auch nur als Grundmuster, etwa: „Im Falle des § 362 Abs. 2 ist, wenn die Schuld nicht bestand, Bereicherungsschuldner der Gläubiger." Der Eventualantrag *Windscheids* zu § 4 des Teilentwurfs *v. Kübel* (oben Fußn. 73) hatte folgende Fassung: „Leistet der vermeintliche Schuldner auf Anweisung des vermeintlichen Gläubigers einem Dritten, so steht ihm das Rückforderungsrecht nicht gegen den Dritten, sondern gegen den vermeintlichen Gläubiger zu. Leistet dem vermeintlichen Gläubiger auf Anweisung des vermeintlichen Schuldners ein Dritter, so steht das Rückforderungsrecht nicht dem Dritten, sondern dem vermeintlichen Schuldner zu... Leistet der vermeintliche Schuldner auf Anweisung des vermeintlichen Gläubigers dem vermeintlichen Gläubiger des Anweisenden, so kann er das Geleistete von diesem letzteren zurückfordern." Zitiert nach *Schubert* (oben Fußn. 73) 196. Daß *Windscheid* sich bei Doppelmangel für den Durchgriff entschied, besagt nicht unbedingt etwas für das römische Recht (*Windscheid* hat die Frage in einer späteren Abhandlung — oben Fußn. 160 — offen gelassen), für das geltende Recht entgegen *Schubert* 202 nichts.

V. Zusammenfassung und Folgerungen

Bevor wir uns Einzelfragen zuwenden, sollen die praktischen Bezüge des hier entwickelten Konzepts für den Bereicherungsausgleich im Drei-Personen-Verhältnis (Prototyp: Anweisung auf Schuld, wobei der Anweisende selbst wieder Schuldner des Empfängers ist) noch einmal kritisch herausgestellt und allgemeine Schlußfolgerungen gezogen werden.

1. Die Handhabung des vorgeschlagenen Konzepts

Als Voraussetzung dafür, daß (zunächst) im Verhältnis A-B überhaupt die Rechtsfolge einer Kondiktion angenommen werden kann, haben wir ausgemacht: eine (zurechenbare) Weisung des B; eine anweisungsgemäße Leistung des A an C (A darf C gegenüber keinen eigenen Leistungszweck verfolgt haben); die Wirksamkeit der Leistung von A an C. Diese Voraussetzungen begründen zusammen mit dem Merkmal der Nichtigkeit des Grundverhältnisses A-B (Deckungsverhältnis) die Rechtsfolge der Kondiktion des A gegen B. Sie ist nach Sachlage (der Leistungsgegenstand befindet sich bei C) auf Wertersatz gerichtet. Fehlt es an einer der zuerst genannten Voraussetzungen, so kommen Rechtsfolgen nur im Verhältnis A-C in Betracht.

Mit diesem Konzept sind unmittelbar folgende Aussagen verknüpft.

Richtig ist an der modernen Lehre, daß eine Vermögensverschiebung nicht zwischen A und B, sondern zwischen A und C stattgefunden hat. Die gegenteilige Ansicht impliziert die sachwidrige Annahme einer spezifischen Kongruenz zwischen Rechtsfolge und Tatbestand und steht damit auf derselben Stufe wie wiederum die h. L., die zwar keine Vermögensverschiebung von A an B lehrt, wohl aber eine Vermögensmehrung des B. Indes liegt eine für die Kondiktion von A gegen B beachtliche Vermögensmehrung nur im Verhältnis der Vermögensverschiebung von A an C vor. Beide kritisierten Auffassungen irren auch darin, daß zwischen A und B (jedenfalls) ein Leistungsverhältnis bestehe. Geleistet worden ist von A an C. Die Vermögensverschiebung ist auch die Leistung. A hat, pointiert gesagt, eine Kondiktion gegen B nicht (auch) deshalb, weil, was ohne Denkfehler nicht angenommen werden könnte, zwischen A und B ein Leistungsverhältnis gegeben ist oder eine Vermögensverschiebung, sondern obwohl A an C geleistet, obwohl sich die Vermögensverschiebung von A zu C vollzogen und nicht B, sondern C den Leistungsgegenstand erlangt hat.

Daß die Leistung von A an C im Verhältnis A-B relevant ist, beruht insoweit auf einer analogen Anwendung des in seiner direkten Anwendung auf das Leistungsverhältnis und (beispielhaft) die Veräußerungskette zugeschnittenen Gesetzes (§§ 812 Abs. 1, Satz 1, 1. Fall, 818 Abs. 2 BGB). Technisch läßt sich für diese Wertung an das gesetzliche Merkmal „auf Kosten" anknüpfen. In der Regel hat der Empfänger der Leistung diese auch auf Kosten des Leistenden erlangt, so daß im Verhältnis von Leistendem und Empfänger auch die weiteren Voraussetzungen einer Kondiktion zu prüfen sind. Dagegen ist, wenn sich die eingangs formulierten Voraussetzungen verwirklicht haben, das von C Empfangene nicht als auf Kosten des A empfangen anzusehen (womit jede weitere bereicherungsrechtliche Erwägung für das Verhältnis A-C gegenstandslos ist, siehe auch im folgenden). Denn hier sind Tatsachen gegeben, die im Verhältnis A-B die Wertung (Rechtsfolge) rechtfertigen, *als habe A an B und B an C geleistet*. Das heißt: Es kann rechtlich keinen Unterschied machen, ob A die (geschuldete) Leistung B dadurch zur Verfügung stellt, daß er sie B selbst erbringt (der damit seinerseits über die Leistung disponieren kann), oder dadurch, daß er mit Einverständnis des B an den Dritten C leistet. Für die rechtliche Beurteilung der Anweisungskonstellation ist demnach diejenige Rechtsfolge maßgebend, die in dem Fall gilt, in dem A an B und B an C leistet. In diesem Fall der Veräußerungskette hat B das von A Geleistete auf Kosten des A erlangt und ist diesem zur Herausgabe verpflichtet, wenn es an einem Rechtsgrund für die Leistung fehlt. Da aber B das von A rechtsgrundlos Empfangene wegen der Weiterveräußerung an C nicht herausgeben kann, trifft ihn die Pflicht zum Wertersatz (von der Möglichkeit, sich gegebenenfalls auf § 818 Abs. 3 BGB zu berufen, abgesehen). Folglich hat auch im Anweisungsfall A eine auf Wertersatz gerichtete Kondiktion gegen B.

Das Gesagte gilt mutatis mutandis für die Kondiktion des B gegen C. Geleistet worden ist von A an C, nicht von B an C. Doch rechtlich (wertungsmäßig) hat C das Geleistete nicht auf Kosten des A erlangt, sondern auf Kosten des B. Im Verhältnis B-C gilt nach Sachlage wieder die Rechtsfolge, *als habe A an B und B an C geleistet*, weil es (hier) für die rechtliche Beurteilung ohne Belang ist, ob C die Leistung von B selbst oder von dem Dritten A erhält. Wie im Fall der Veräußerungskette C das von B Geleistete auf Kosten des B erlangt hat und bei mangelhaftem Grundverhältnis B-C verpflichtet ist, das Empfangene an B herauszugeben, hat deshalb im Anweisungsfall bei nichtigem Valutaverhältnis B eine Kondiktion gegen C.

Der Anweisungsfall löst sich, mit anderen Worten, in der Weise, daß er wertungsmäßig (Analogie), nicht tatbestandsmäßig auf den Fall der direkten Anwendung des Gesetzes (Leistung zwischen den Konditionsparteien) zurückgeführt wird. Praktisch gesehen ergibt sich die Kondiktion des A gegen B (wie auch die des B gegen C), indem man von der Leistung (Vermögensverschiebung) von A an C ausgeht und klärt, daß C das von A Erlangte rechtlich nicht auf Kosten des A erlangt hat. Dieser Aufbau ist Ausdruck dessen, daß die analoge Anwendung des Gesetzes im Verhältnis A-B bzw. B-C die Negation der direkten Anwendung im Verhältnis A-C impliziert. Damit ist auch unmittelbar einsichtig, daß und warum es trotz Leistung von A an C und trotz Fehlen eines Rechtsgrundes zwischen A und C eine Kondiktion des A gegen C in diesem Fall nicht geben kann. Das von der modernen Lehre aufgestellte Prinzip, wonach die als Eingriffskondiktion (!) zu klassifizierende Kondiktion des A gegen C mit Rücksicht darauf ausscheide, daß von B an C geleistet worden sei (Subsidiarität der Eingriffskondiktion gegenüber der Leistungskondiktion oder Vorrang der Leistungskondiktion gegenüber der Eingriffskondiktion) reflektiert nur die Insuffizienz einer fehlerhaften Ausgangsposition, die ebenso komplizierte wie überflüssige „Lehrsätze" produziert und produzieren muß, mit denen sie sich im zuvor geschaffenen „Dickicht" *(Larenz)* zurecht zu finden hofft[168].

2. Der Leistungsbegriff: Gegenstand der Leistung

Nicht jede Leistung ist eine Vermögensverschiebung (datio). Es ist der Sache nicht angemessen, bei dem durch ein facere erlangten Vorteil (Vermögensänderung) von einer Vermögensverschiebung zu sprechen. Die Vermögensverschiebung ist nur eine Erscheinungsform der Leistung (nicht sind umgekehrt dare und facere Arten der Vermögensverschiebung) und überdies nur eine unter dreien: auch die Unterlassung fällt unter den Oberbegriff der Leistung. Wir kehren also für § 812 Abs. 1 Satz 1 BGB prinzipiell zu dem Leistungsbegriff des Allgemeinen Schuldrechts zurück[169]. Dabei scheint es, daß auch im Fall einer Leistung durch facere oder Unterlassen das dadurch Erlangte nicht notwendig beim Kondiktionsschuldner gegeben bzw. nicht durch Leistung vom Kondiktionsgläubiger an den Kondiktionsschuldner gelangt sein muß[170].

---

[168] Einzelheiten im folgenden.
[169] So zutreffend (und im einzelnen) auch *Jakobs* 156 f., 161 ff. Allerdings ist das Deckungsverhältnis bei der Anweisung kein Argument dafür, daß es auf die Vermögensvermehrung beim Kondiktionsschuldner ankommt. Insoweit bewegt sich *Jakobs* (158 ff.) ganz in den verkehrten Bahnen der herrschenden Lehre.
[170] B vereinbart mit seinem Pseudoschuldner A, daß A eine ihm gegen C, dem Gläubiger wiederum des B zustehende Forderung dem C erläßt bzw.

3. Der Leistungsbegriff: Einteilung (divisio)

Die nähere Bestimmung dessen, was der rechtlichen Beurteilung leistungsspezifisch als Anknüpfung dient, ist durch die vorliegende Untersuchung und deren Ergebnisse im wesentlichen vorgegeben. Indem wir den „faktischen Leistungsvorgang" (*Esser*) zwischen A und C als Leistung identifizieren, kann die Zweckbestimmung kein Merkmal des Leistungsbegriffs sein, wenn die Prämissen einer Kondiktion des A gegen C gegeben sind. Die Prüfung dieser Leistungskondiktion kann sich hinsichtlich der Leistung auf die Feststellung beschränken, daß durch (rechtsgültiges) willentliches Verhalten des A (Kondiktionsgläubiger) C (Kondiktionsschuldner) etwas erlangt hat. Es ist nicht sinnvoll, weil unerheblich, an diesen Fall etwa zweckbezogene Aspekte in bezug auf das Verhältnis A-B heranzutragen[171].

Das begriffliche Konzept, das mit diesen Feststellungen korrespondiert, gewinnt schärfere Konturen, wenn wir unsere Überlegungen zusätzlich auf die Frage erstrecken, ob für Leistung als willentliches Verhalten, das eine Vermögensänderung hervorgerufen hat, ein rechtsgültiger Wille verlangt werden soll oder nicht. Die Frage mag im Hinblick auf § 812 Abs. 1 Satz 1, 2. Fall BGB von eher systematischer denn praktischer Bedeutung sein. Indessen gehört die Kondiktion des A gegen C offensichtlich zum sog. Recht der Güterbewegung, und es spricht bereicherungsrechtlich nichts dagegen, diesem Umstand auch dann Rechnung zu tragen, wenn A nicht bzw. nicht voll geschäftsfähig (gewesen) ist: indem wir die auf rechtsgültigem Willen beruhende Vermögensänderung lediglich als eine Spezies der Gattung Leistung = schlicht willentlich bewirkte Vermögensänderung ansehen, als deren andere Spezies die ohne rechtsgültigen Willen vollzogene Vermögensänderung erscheint — mit welcher Form der Einteilung wir auch die Möglichkeit erhalten, die rechtsgültig willentlich erbrachte Leistung unter zweckspezifischen Gesichtspunkten weiter zu differenzieren (siehe im folgenden).

Die Angemessenheit, so zu verfahren, läßt sich übrigens noch auf andere Weise dartun. Sehen wir einmal von der Alternative der „Eingriffskondiktion" ganz ab, so könnte vom Standpunkt eines die Rechtsgültigkeit des Willens voraussetzenden Leistungsbegriffs die Kondiktion des geschäftsunfähigen A gegen C im Wege der Analogie als Leistungs-

---

nicht geltend macht. Anschließend bzw. nach Verjährung der Forderung des A gegen C stellt sich die Nichtschuld des A heraus. Kondizieren kann A von B. Bestand auch die Forderung des C gegen B nicht, B von C. Facere und Unterlassen stellen sich hier als Leistungsformen dar, mit deren Hilfe (wenn A und B eine Abtretung nicht wollen) die dreifache Anwendung der Leistungsform der datio vermieden wird: Zahlung von C an A, von A an B und B an C. Vgl. zu einem ähnlichen Fall Celsus Dig. 39, 5, 21, 1.

[171] Dies gegen *Gerhardt* (oben Fußn. 43) 196 ff.

3. Der Leistungsbegriff: Einteilung (divisio)

kondiktion begründet werden. Ob der Kondiktionsgläubiger das eine Mal mit rechtsgültigem Willen eine Vermögensänderung herbeigeführt (und damit geleistet) hat, das andere Mal ohne rechtsgültigen Willen, ist ein unwesentlicher Unterschied, der für die bereicherungsrechtliche Beurteilung nicht ins Gewicht fällt. Wesentlich ist vielmehr das beiden Fällen Gemeinsame einer auf dem Willen des Bereicherungsgläubigers beruhenden Vermögensveränderung. Eine systematische Jurisprudenz kann nun, das leuchtet unschwer ein, dem Akt der individuellen Wertung, der in der Analogie steckt, dadurch gerecht werden, daß sie ihn generell vorwegnimmt, das heißt: daß sie einen Gattungsbegriff der Leistung als schlicht willentlicher Vermögensänderung bildet, von woher sich die ohne rechtsgültigen Willen vollzogene Vermögensänderung als ein spezieller (Anwendungs-)Fall darstellt. So erspart sie sich die Wertung im Einzelfall und demonstriert einmal mehr den Wertungsgehalt und die Ökonomie ihrer Begriffe[172].

Damit sind wir an einem Punkt angelangt, von dem aus sich weitere Folgerungen ergeben: im Sinne einer Rechtsanwendung, für welche die Konkretisierung des gattungsmäßig bestimmten Leistungsbegriffs, wie er soeben entwickelt worden ist, kennzeichnend ist, unter zusätzlicher Berücksichtigung zweckspezifischer Gesichtspunkte, soweit die Sachlage dies erfordert und zuläßt. Was zunächst das Zwei-Personen-Verhältnis betrifft, so ist ein praktischer Unterfall der Leistung (vom Bereicherungsgläubiger an den Bereicherungsschuldner) die ohne rechtsgültigen Willen des Bereicherungsgläubigers bewirkte. Zweckbezogene Überlegungen, die im Hinblick auf besondere Rechtsfolgen akut werden könnten (dazu sofort), scheiden hier wegen der rechtsgeschäftlichen Natur der Zweckbestimmung aus. Anders bei Vermögensänderungen aufgrund rechtsgültigen Willens. Bei dieser Untergruppe stellt sich gegebenenfalls die weitere Frage nach dem mit der Leistung verfolgten Zweck[173]. Praktisch wird das zum Beispiel in den Fällen, in denen ein-

---

[172] Ob die rechtsgrundlose (Rechtsgrund im objektiven Sinn, siehe unten V 4) Zuwendung eines nicht oder nicht voll Geschäftsfähigen qua Leistungskondiktion kondiziert werden kann, entscheidet sich also danach, ob man für Leistung einen nicht rechtsgültigen Willen genügen lassen will oder nicht. Dazu auch noch unten V 5 b. In der h. L. entzündet sich die Frage an der Zweckbestimmung, mit der Folge, daß die Autoren, die die Kondiktion des Geschäftsunfähigen (verständlicherweise) auf die Seite der Leistungskondiktion schlagen wollen, für die Zwecksetzung, die sie an sich als Willenserklärung ansehen, beim Geschäftsunfähigen den natürlichen Willen genügen lassen, soweit es um die Einstufung der Zuwendung als Leistung geht. *Ehmann*, NJW 1969, 398, 400 Fußn. 19; *Weitnauer*, NJW 1974, 1729, 1730. Das sind unfruchtbare Distinktionen, die darauf beruhen, daß die spezielle Natur des zweckbestimmten Leistungsbegriffs verkannt wird. Vgl. im folgenden und unten V 5 a.

[173] Die Erscheinungsform (Spezies) der auf rechtsgültigem Willen beruhenden Leistung vom Bereicherungsgläubiger an den Bereicherungsschuldner, die sich (wie auch die Form der auf nicht rechtsgültigem Willen beruhenden)

schlägige bereicherungsrechtliche Vorschriften zum Zuge kommen könnten: §§ 812 Abs. 1 Satz 2, 2. Fall, 813—815, 817, 820 BGB. Ferner dort, wo zwischen den Parteien mehrere Schuldverhältnisse in Betracht zu ziehen sind und fraglich ist, auf welches von ihnen sich die Leistung bezieht[174]. Im übrigen, wenn also Anhaltspunkte für eine zweckbezogene Regelung nicht vorliegen, kann sich auch bei der auf rechtsgültigem Willen beruhenden Leistung die rechtliche Würdigung von der Frage nach dem mit der Leistung verfolgten Zweck dispensieren[175].

Für das Dreiecksverhältnis der Anweisung, in welchem vom Bereicherungsgläubiger an einen Dritten auf Weisung des Bereicherungsschuldners geleistet worden ist (Aspekt der Kondiktion im Deckungsverhältnis) oder von einem Dritten an den Bereicherungsschuldner auf Weisung des Bereicherungsgläubigers (Aspekt der Kondiktion im Valutaverhältnis), ist einerseits die als solche wirksame, auf dem rechtsgültigen Willen des Leistenden beruhende Leistung charakteristisch, mit der weiteren Unterscheidung danach, ob die soeben für das Zwei-Personen-Verhältnis genannten zweckbezogenen Gesichtspunkte im Deckungsverhältnis oder im Valutaverhältnis relevant werden oder nicht[176]. Vorausgesetzt ist dabei die „anweisungsgemäße" Leistung, also die Feststellung, daß der Leistende mit seiner Leistung keinen eigenen

---

ableitet von der Leistung als willentlicher Vermögensänderung über die Stufen: Leistung an den Bereicherungsschuldner, vom Bereicherungsgläubiger, läßt sich ihrerseits als (relative) Gattung auffassen, deren Arten (Anwendungsfälle) sich danach unterscheiden, ob zweckspezifische Überlegungen ins Spiel kommen oder nicht. Siehe noch die folgenden Fußnoten 176 und 179.

[174] Spiegelbildlich zu § 366 BGB. Vgl. vorstehend auch *Wilhelm* 104 f., dessen Ausführungen aber durch die irrige Vorstellung affiziert sind, jede Kondiktion setze eine Vermögensverschiebung zwischen Gläubiger und Schuldner des Anspruchs voraus (oben IV 5). Außerdem (siehe zumal 102 f.) verkennt *Wilhelm* den systematischen Aspekt der Formulierung des Leistungsbegriffs. Dazu weiter im folgenden.

[175] Erst recht von der Frage nach einer Zweckvereinbarung. Dazu noch unten Fußn. 177. Mag auch im Einzelfall eine Zweckbestimmung feststellbar sein, so kann diese doch unberücksichtigt bleiben, wenn sich daran keine rechtlichen Konsequenzen knüpfen. — Ein Fall der zweckindifferenten Gruppe liegt auch vor, wenn der Leistende sich seiner Leistung nicht bewußt ist. Beispiel (nach *Welker*, Bereicherungsausgleich wegen Zweckverfehlung?, 1974, S. 26): Dem Uhrmacher, der eine Uhr repariert, die er für seine eigene hält, die er aber in Wirklichkeit von einem Kunden zur Reparatur bekommen hat, steht bei nichtigem Werkvertrag eine Leistungskondiktion gegen den Kunden zu, so gut wie er bei gültigem Vertrag durch „Leistung" erfüllt hätte. Vgl. noch unten Fußn. 178.

[176] Diese beiden Spezies (Anwendungsfälle) ergeben sich von dem Oberbegriff Leistung = willentliche Vermögensänderung so: einerseits über die (relativen) Ober- bzw. Gattungsbegriffe Leistung an den Bereicherungsschuldner, von einem Dritten auf Weisung des Bereicherungsgläubigers (die andere Filiation auf dieser Stufe: Leistung vom Bereicherungsgläubiger, oben Fußn. 173), wirksam, mit rechtsgültigem Willen; andererseits Leistung des Bereicherungsgläubigers an einen Dritten, auf Weisung des Bereicherungsschuldners, wirksam, mit rechtsgültigem Willen. Vgl. noch unten Fußn. 179.

Leistungszweck gegenüber dem Empfänger der Leistung verfolgt hat[177]. Eine wirksame, doch auf nicht rechtsgültigem Willen beruhende Leistung kommt andererseits in Betracht, wenn Gegenstand der Leistung ein tatsächliches Tun ist. Im Deckungsverhältnis (Kondiktion des A gegen B) verbietet sich aber wieder aus naheliegenden Gründen die Berücksichtigung zweckspezifischer Regelungen. Im Valutaverhältnis (Kondiktion des B gegen C) dagegen können diejenigen des Zwei-Personen-Verhältnisses aktuell werden[178].

Insgesamt gesehen zeigt sich, daß die Praxis der Leistungskondiktion nicht mit einem einzigen Leistungsbegriff bewältigt werden kann. Die sachgerechte Handhabung bedarf vielmehr einer Auffächerung in verschiedene Spezies, deren systematischer Zusammenhang, im Wege der Einteilung (divisio) aufgezeigt, die Einheitlichkeit und Transparenz des Rechtsgebiets wahrt[179].

4. Das Tatbestandsmerkmal „ohne rechtlichen Grund"

Nach allem ist auch einsichtig, daß die Leistungskondiktion keine Kondiktion wegen Zweckverfehlung ist: Das Tatbestandsmerkmal

---

[177] Leistet A weisungsgemäß an C, so kann man nur untechnisch sagen, daß er einen Konsens mit B herstellt. A leistet sozusagen befehlsgemäß, was rechtlich darin zum Ausdruck kommt, daß wir uns mit der Feststellung begnügen können, daß A keinen eigenen Leistungszweck gegenüber C verfolgt hat. Es ist deshalb sachlich nicht angemessen, hier und weiter gar für die Leistungskondiktion schlechthin das Erfordernis einer Zweckvereinbarung aufzustellen, wie das gelegentlich geschieht. Siehe etwa *Weitnauer*, NJW 1974, 1729, 1730. Vgl. dagegen oben bei Fußn. 175, außerdem unten VI 3 Fußn. 246.

[178] Nur am Rande kann hier darauf hingewiesen werden, daß die für das Dreiecksverhältnis kennzeichnende Fixierung der Leistung als wirksame Leistung auch für die Frage der Erfüllung der maßgebende Oberbegriff ist. Hinzu kommt die Identität des Geleisteten mit dem Geschuldeten (im defekten Dreiecksverhältnis mit dem vermeintlich Geschuldeten). Erst bei Zweifeln über die Zuordnung der Leistung (vgl. § 366 BGB) gewinnt der Leistungszweck und damit ein durch diesen zusätzlichen Aspekt bestimmter Leistungsbegriff als spezieller Anwendungsfall Bedeutung. Das läuft im Ergebnis auf die Theorie der realen Leistungsbewirkung hinaus. Näheres dazu am andern Ort.

[179] Siehe auch unten V 5. Zur divisio überhaupt vgl. nur *Engisch*, Begriffseinteilung und Klassifizierung in der Jurisprudenz, Festschrift Larenz 1973, S. 125 (passim). Zum relativen Gattungsbegriff ebenda 130, 131; zur „Fruchtbarkeit" der Einteilung 129, 145 ff. Die sachgerechte Einteilung vermeidet dogmatischen Aufwand, wo er nicht erforderlich ist und Leerlauf produziert, wo „keine juristischen Pointen mehr ersichtlich sind" (*Engisch* 144). Vgl. nochmals unten V 5. Insbesondere macht die nach Genus und Spezies vorgenommene Einteilung (wobei die Spezies ihrerseits wieder — relatives — Genus sein kann), deren Endglieder das Instrumentarium für die Rechtsanwendung bilden, deutlich, daß wir uns ohne Willkür, logisch einwandfrei verschiedener Leistungsbegriffe bedienen können. Bei allem dürfte klar sein, daß Einteilung (System) vorstehend nicht ein gedankliches Konzept a priori darstellt, sondern ein Mittel, das auf induktivem Wege der Transparenz des Rechtsgebiets und der Einsichtigkeit der einzelnen Entscheidung dient.

„ohne rechtlichen Grund" läßt sich nicht durch den Begriff der Zweckverfehlung charakterisieren. Das erweist sich nicht nur im Fall einer Kondiktion des A gegen C. Für die Kondiktion von A gegen B ist, wie wir gesehen haben, das Fehlen einer Zwecksetzung des A gegenüber C wohl notwendige, nicht aber hinreichende Bedingung. Deshalb kann auch in diesem Verhältnis die Zweckverfehlung kein geeignetes Kriterium für die Beschreibung der Rechtsgrundlosigkeit sein[180]. Die Frage nach dem Rechtsgrund ist vielmehr die Frage nach dem Vorliegen eines rechtfertigenden Kausalverhältnisses (sog. objektiver Rechtsgrund)[181].

5. Die Systematik der herrschenden Lehre; Kritik

Der Gesichtspunkt des Rechtsgrunds führt uns noch einmal zur Systematik, zunächst in kritischer Auseinandersetzung mit der herrschenden Lehre.

a) Die moderne Lehre rechnet es sich als Verdienst an, die vom Gesetz getroffene Unterscheidung zwischen Bereicherung „durch Leistung" und Bereicherung „in sonstiger Weise" scharf herausgearbeitet zu haben[182], in Übereinstimmung, wie sie meint, mit der geschichtlichen Überlieferung und in innerlich gerechtfertigter Weise[183]. Orientiert ist dieses Bemühen um die gesetzliche Unterscheidung bei *v. Caemmerer* an einer Typologie der Bereicherungsansprüche auf der Basis des Tatbestandsmerkmals „ohne rechtlichen Grund". Das heißt: „Aus einer Konkretisierung der Frage nach der Unrechtmäßigkeit ergeben sich die Typen der Bereicherungsansprüche[184]." Von diesem Standpunkt aus werden der Bereicherung durch Leistung ausschließlich die „Rückabwicklung fehlgeschlagener Leistungen" und die „Rückabwicklung von Leistungen nach Erledigung des Kausalverhältnisses" zugeordnet, so daß sich die Leistungskondiktion als „Ergänzung und Störungskorrektiv zum Recht der Güterbewegung" darstellt[185], als „Annex des Vertragsrechts", und der Leistungsbegriff als „bewußte zweckgerichtete Mehrung fremden Vermögens"[186]. Damit ist in der Tat eine sehr prägnante Trennungslinie zur Bereicherung „in sonstiger Weise" gezogen, für deren Anwendungsgebiet ihrerseits *v. Caemmerer* hauptsächlich drei Typen in Be-

---

[180] Fehlt zum Beispiel die Weisung des B, dann wird im Verhältnis A—B der Zweck verfehlt. Dennoch kann A nicht von B kondizieren.
[181] Siehe nur *Larenz* 471.
[182] Siehe nur *Köndgen* 55. Gewährsleute sind *Wilburg* und *v. Caemmerer*.
[183] *v. Caemmerer*, Bereicherung S. 341 (218).
[184] Bereicherung S. 337 (213). Der „Mangel des rechtfertigenden Grundes" als Perspektive schon in den Motiven (II 829 = *Mugdan* II 463), allerdings nicht zum Zweck einer Typologie. Vgl. im folgenden.
[185] *v. Caemmerer*, Bereicherung S. 342 (218 f.).
[186] *Esser* 339.

5. Die Systematik der herrschenden Lehre; Kritik

tracht zieht: die sog. Eingriffskondiktion, die Rückgriffs- und die Verwendungskondiktion[187].

An dieser Typenlehre fällt ein deutlicher Mangel an Folgerichtigkeit auf[188]. Im Hinblick auf das Gesetz kann es nur zwei Typen von Bereicherungsansprüchen geben: Leistungskondiktion und Nichtleistungskondiktion. Von daher sind Eingriffskondiktion, Rückgriffs- und Verwendungskondiktion nicht Typen, sondern Klassifikationen des Typus „Nichtleistungskondiktion", und man fragt sich, warum nicht auch die herkömmlich gelehrte Leistungskondiktion, anstatt daß man in ihr den Typus „Leistungskondiktion" sieht, eine Klasse (Spezies) des Typus „Leistungskondiktion" soll sein können. Auf diese Weise würde nicht nur die Frage, ob und inwieweit die Rückgriffskondiktion nicht doch Leistungskondiktion ist[189], als künstliches Problem, was es ist, entlarvt; auch die Schwierigkeiten, die die Verwendungskondiktion der Einordnung macht[190], wären mit einer Verwendungskondiktion als Leistungskondiktion ausgeräumt. Ferner: Die Leistungskondiktion, so wird gelehrt, ist eine Kondiktion wegen Zweckverfehlung und folglich die „Zweckverfehlung = Rechtsgrundlosigkeit der Bereicherungserlangung"[191]. Gegeben ist die Zweckverfehlung indes dadurch, daß das Fehlen des sog. Rechtsgrunds im objektiven Sinn gegeben ist, daß beispielsweise „der Kaufvertrag, zu dessen Erfüllung ein Gegenstand übertragen wurde, nichtig war"[192]. Vom Standpunkt des objektiven Rechtsgrunds aus muß es aber bei einer mit Willen des Kondiktionsgläubigers eingetretenen Bereicherung keine Frage der Typologie, sondern kann eine solche der Klassifikation sein, ob das vom Kondiktionsschuldner Erlangte auf einer Handlung des Kondiktionsgläubigers beruht, die zweckgerichtet war oder nicht. Zudem läuft im Zwei-Personen-Verhältnis der moderne Leistungsbegriff leer, wenn die (besonderen) auf den Leistungszweck abstellenden Regelungen des Gesetzes nicht akut sind[193]; denn die dem Leistungszweck (noch) zugewiesene Funktion, die Parteien der Leistungskondiktion zu bestimmen, erübrigt sich hier. Auf derselben Linie liegt die Bemerkung *Wackes*, im Zwei-Personen-Ver-

---

[187] *v. Caemmerer*, Bereicherung S. 340 (216 f.). Siehe auch 366 (242): „Von Leistung kann man nur da sprechen, wo schuldrechtliche Absprachen durchgeführt oder sonstige Ansprüche erfüllt werden".

[188] Wir setzen bei *v. Caemmerer* Typus im Sinne von Grundform, Gattung voraus. Aber auch wenn *v. Caemmerer* Typus weniger präzise verwendet (wie es umgangssprachlich häufig geschieht), tut das dem Folgenden keinen Abbruch. Es geht jedenfalls immer um die Differenz von Gattung und Spezies.

[189] Siehe nur *Medicus* Rdn. 948. Zum Rückgriff im übrigen noch unten VI 8.

[190] Siehe etwa *Reeb* 86.

[191] *Reeb* 30.

[192] *Reeb* 30.

[193] Oben Fußn. 173.

hältnis bedeute „der finale, zweckorientierte Leistungsbegriff einen unverhältnismäßig großen theoretischen Aufwand"[194]. *Wacke* will indes nicht kritisieren, nimmt folglich nicht wahr, daß seine Beurteilung der konkreten Theorie gegenüber zuviel Nachsicht übt und der Theorie überhaupt ein schlechtes Zeugnis ausstellt; geraten wir doch mit dem modernen Leistungsbegriff durchaus in die Nähe naturalistischer Begriffsbildung[195], und was wir dem „unverhältnismäßig großen theoretischen Aufwand" an künstlichen Überlegungen zu verdanken haben, läßt sich leicht nachlesen[196]. Nur wer das übersieht, kann dem modernen Leistungsbegriff ernsthaft eine „Entlastungsfunktion für die juristische Arbeit" zuerkennen[197].

Seine „wahre Funktion", seinen „Wert", soll der neue Leistungsbegriff freilich am „Prüfstein" der Dreiecksverhältnisse erweisen[198]. In der Tat ist nur aus dem Glauben an die Effizienz im Drei-Personen-Verhältnis heraus erklärlich, daß die moderne Lehre für die Unzulänglichkeit ihres Leistungsbegriffs blind zu sein scheint. Dabei sind diese selbst im Dreiecksverhältnis nicht zu übersehen. Zunächst: Die Lehre von der Leistungskondiktion erweckt durchweg den Eindruck, als beruhten die Vorteile des Leistungsbegriffs (auch) für das Drei-Personen-Verhältnis darauf, daß man den Begriff sozusagen von der Natur der Sache her entwickelt hat[199]. In Wahrheit dürfte es sich umgekehrt verhalten. Es ist das Dreiecksverhältnis, das bei der Formulierung des Leistungsbegriffs Pate gestanden hat. Gegen diese Methode ist an sich nichts einzuwenden; auch wir sind nach ihr verfahren. Indessen deduziert die herrschende Lehre aus dem Drei-Personen-Verhältnis einen Leistungsbegriff, der sie außer Stande setzt, die Kondiktion des A gegen C, von der nicht fraglich sein kann, daß sie zum „Recht der Güterbewegung" gehört, der Leistungskondiktion zuzuschlagen[200]. Wie es scheint des-

---

[194] *Wacke* (oben Fußn. 6) 140.
[195] Besonders anfechtbar *Weitnauer*, NJW 1974, 1729, 1730, mit der erstaunlichen, aber wohl verbreiteten Auffassung, ein Begriff, aus dem sich weiter begrifflich folgern lasse, sei ein Begriff i. S. der Begriffsjurisprudenz. Siehe dazu nur (oben bei Fußn. 24) die Fundierung der Leistungskondiktion des Angewiesenen gegen den Anweisenden durch die moderne Lehre, die von *Weitnauer* (1729) emphatisch begrüßt wird. Vgl. ferner unten VI 3 a.
[196] *Rothoeft*, AcP 163, 215, 223 ff. und passim.
[197] So die Formulierung *Köndgens* (65) für eine wohl vorherrschende Auffassung.
[198] Allgemeine Meinung. Siehe nur *Wacke* (oben Fußn. 6) 140 und *Köndgen* 58, 62. Vgl. ferner *Canaris* 800.
[199] Statt aller *Esser* 339.
[200] Obwohl sie darum bemüht ist. Siehe die Kritik *Canaris'* (807 f.) an *v. Caemmerer* und *Hefermehl*. Man kann pointiert sagen: Die Insuffizienz der h. L. zeigt sich daran, daß es von ihren Prämissen her nicht möglich ist, die Kondiktion von A gegen C korrekt als Leistungskondiktion zu erschließen. Inzwischen gewöhnt man sich daran, sie als „Eingriffskondiktion" anzusehen. Siehe nur *Canaris* 808.

5. Die Systematik der herrschenden Lehre; Kritik

wegen, weil die ökonomische und damit relative Funktion der Begriffsbildung(en) verkannt und dem zweckbestimmten Leistungsbegriff sachwidrig eine beherrschende Stellung zugewiesen wird[201], was praktisch auf die Absage an ein System der Leistungskondiktionen hinausläuft — mit den mißlichen Folgen einer Pseudosystematik[202]. Legitimiert wird das Ergebnis dann durch die Rede von der Leistungskondiktion als „Annex des Vertragsrechts", als liege die innere Wahrheit auf der Hand, wenn man das (negative) Korrektiv des Bereicherungsanspruchs spiegelbildlich der (positiven) Vertragsordnung nachgestaltet[203]. Es ist nicht auszuschließen, daß die h. L. es als fortschrittlich empfindet, sich auf den zweckbestimmten Leistungsbegriff festzulegen. Der Zweck im Recht — ist damit die Angemessenheit der Apperzeption nicht allen Zweifeln enthoben?

Der moderne Leistungsbegriff als solcher wäre notfalls noch hinzunehmen, nicht aber, daß, wie die Lehre ohne Ausnahme meint, im Anweisungsverhältnis A-B eine (zweckgerichtete) Vermehrung fremden Vermögens durch Leistung von A an B vorliegt. Mit dieser Applikation des Leistungsbegriffs, der unserer Ansicht nach zugleich für seine Existenz verantwortlich zeichnet, ist auch die letzte Chance eines relativ brauchbaren Systems der Leistungskondiktionen vergeben. Der irreparable Defekt prägt zwangsläufig die weiteren dogmatischen Antworten auf die komplexe Problematik der Anweisungskonstellation. Auf dem einmal eingeschlagenen Irrweg können befriedigende Rechtsregeln nicht mehr gewonnen werden. Im Gegenteil. Mit jedem Schritt auf diesem Weg verstrickt sich die Lehre tiefer in die Maschen ihrer verkehrten Theorie. Die Notwendigkeit oder angebliche Sachgerechtigkeit neuer Prinzipien wie „Subsidiarität" und „Empfängerhorizont" ist dafür ebenso ein Zeichen wie das Unbehagen, mit dem man diesen Prinzipien inzwischen weithin begegnet[204].

b) Wenn wir, abgesehen einmal von der analogen Anwendung des Gesetzes, das Allgemeine der Leistungskondiktion dahin bestimmen, daß der Kondiktionsschuldner durch willentliches Verhalten des Kondiktionsgläubigers etwas ohne rechtlichen Grund erlangt hat, so kehren wir im wesentlichen zur Konzeption des BGB zurück. Der Entwurf I

---

[201] Siehe dagegen oben V 3.

[202] Rückgriffs- und Verwendungskondiktion als „Typen" der Eingriffskondiktion, siehe oben. Vgl. auch das Problem, auf das *U. Huber*, JuS 1970, 515, 520 hinweist. *Huber* warnt davor, „den Leistungsbegriff aus Gründen der dogmatischen Reinheit allzusehr einzuengen". Indessen geht es beim modernen Leistungsbegriff nicht um „dogmatische Reinheit", sondern um systematische Unzulänglichkeit.

[203] Ganz abgesehen davon, wie weit in dieser die rechtliche Beurteilung Zwecksetzung stets zur Kenntnis nehmen muß. Vgl. oben Fußn. 178.

[204] Zum „Subsidiaritätsprinzip" schon oben vor Fußn. 168. Einzelheiten unten VI 2 und 9.

regelte in den §§ 737 ff. die condictio indebiti (§§ 737—741), die condictio ob rem (§§ 742—744), die condictio ob causam finitam (§ 745) und die condictio ob turpem causam (§ 747). Sodann sah der Entwurf folgenden § 748 vor: „Derjenige, aus dessen Vermögen nicht kraft seines Willens oder nicht kraft seines rechtsgültigen Willens ein anderer bereichert worden ist, kann, wenn hierzu ein rechtlicher Grund gefehlt hat, von dem anderen die Herausgabe der Bereicherung fordern." Wir dürfen hier, weil zweitrangig, davon absehen, daß der Entwurf die rechtsgrundlose Leistung eines beschränkt Geschäftsfähigen oder eines Geschäftsunfähigen unter § 748 zieht. Wesentlich ist, daß sich aus § 748 als das Gemeinsame der im Voraufgehenden normierten Kondiktionen eine Bereicherung des Kondiktionsschuldners kraft des Willens des Kondiktionsgläubigers ergibt, an welchen Begriff die weitere Einteilung, wie sie oben entwickelt worden ist, anknüpfen kann[205].

Heranziehen lassen sich die Motive[206] schließlich auch zur Frage, wie die Kondiktion des A gegen C vom fehlenden Rechtsgrund her einzustufen ist. „Der Mangel des rechtfertigenden Grundes ist aber auf verschiedene rechtlich relevante Umstände zurückzuführen, welche die Wirksamkeit der eingetretenen Rechts- und Vermögensänderung derart affizieren, daß deren Wiederaufhebung verlangt werden kann. Auf der Verschiedenheit jener Umstände beruht die im Entw. enthaltene Klassifizierung der Kondiktionen ... In erster Linie kommt diesfalls in Betracht der Mangel der Voraussetzung, unter welcher eine Leistung bewirkt wurde..." Danach bildet auch vom Rechtsgrund her die Kondiktion des A gegen C eine weitere Klasse der Leistungskondiktionen. Mit den Motiven gesprochen ist auch diese Kondiktion, was den fehlenden Rechtsgrund betrifft, Konkretisierung der Umstände, auf deren Verschiedenheit die „Klassifizierung der Kondiktionen" beruht, und zwar Konkretisierung hinsichtlich einer Leistung, mit der der Leistende dem Empfänger gegenüber einen Zweck nicht verfolgt hat[207].

---

[205] Siehe oben 3. Zum Text auch Motive zu § 748 (II 851 = *Mugdan* II 475): „Eine auf dem rechtsgültigen Willen des Leistenden oder Verlierenden beruhende Bereicherung kommt hier nicht in Betracht."

[206] Motive II 829 = *Mugdan* II 463. Siehe dazu oben bei Fußn. 173 und die folgende Fußn.

[207] Konkret gesagt: Die Kondiktion des A gegen C ist (neben der condictio indebiti, der condictio ob causam finitam, der condictio ob rem, der condictio ob turpem causam) eine condictio sine causa, deren Rechtsgrund deswegen fehlt, weil die Rechtsfolgen der Leistung von A an C dem Verhältnis A—B bzw. B—C nicht zugerechnet werden können. Die Zurechnung macht die Frage nach dem Rechtsgrund der Leistung gegenstandslos, erst das Scheitern der Zurechnung ruft sie auf den Plan.

6. Die „Unmittelbarkeit der Vermögensverschiebung"

Bleiben wir noch einen Augenblick bei den Motiven zum BGB. In der Einleitung zum Titel „Bereicherung" findet sich auch der Satz: „Der die Kondiktionen begründende Tatbestand ist grundsätzlich ein unmittelbar zwischen dem Benachteiligten und dem Bereicherten eingetretener; gegen Dritte besteht der Kondiktionsanspruch nicht[208]." Es läßt sich jetzt (zunächst für die Bereicherung durch Leistung) bestimmen, was an diesem Satz, auf den die ältere Lehre von der Unmittelbarkeit der Vermögensverschiebung zurückgeht, richtig ist und was nicht. Richtig ist, daß das Faktum der Leistung und damit die Parteien des Leistungsverhältnisses ein Tatbestandselement sind (von dem bei der Falllösung ausgegangen werden muß). Unrichtig ist, daß die Kondiktion immer nur die Parteien des Leistungsverhältnisses betrifft. Leistungsverhältnis (Tatbestand) und Kondiktionsverhältnis (Rechtsfolge) können unter genau angebbaren Voraussetzungen auseinanderfallen. Die hier vorzunehmende Wertung führt, das wurde schon gesagt (oben V 1 am Ende), stets zu einem eindeutigen Ergebnis, so daß es nicht eines besonderen Rechtssatzes bedarf, um im Fall der Anweisung die Kondiktion von A gegen C auszuschließen.

Die Einsicht in diese Zusammenhänge erschließt ein Schema auch für solche Dreieckskonstellationen, in denen im Verhältnis A-C nicht eine Leistung gegeben ist, sondern eine Bereicherung, die im Ansatz für eine Kondiktion von A gegen C wegen Bereicherung „in sonstiger Weise" in Frage kommen könnte[209]. Eine solche Kondiktion scheidet indessen aus, wenn Wertungsgesichtspunkte vorhanden sind, die es rechtfertigen, das von C Erlangte (bereicherungsrechtlich) nicht als „auf Kosten" des A erlangt anzusehen. (Ob dann kondiktionsrechtliche Beziehungen im Verhältnis A-B oder B-C bestehen, entscheidet sich nach Lage des Einzelfalles.) Auch an diesen Fällen zeigt sich, wie gegenstandslos das neue Dogma von der Subsidiarität der „Eingriffskondiktion" ist[210].

---

[208] Motive II 830 = *Mugdan* II 463.
[209] Die Bezeichnungen A, B, C werden im folgenden für alle Dreiecksbeziehungen verwendet. Die jeweilige konkrete Bedeutung ergibt sich aus dem Zusammenhang.
[210] Im einzelnen unten VI 9.

VI. Einzelfragen

1. Vorbemerkung

Mit der nachfolgenden Erörterung wird kein Anspruch auf erschöpfende Problembehandlung erhoben. Beabsichtigt ist lediglich, mit Hilfe des zur Anweisungslage ausgearbeiteten Konzepts in verschiedenen Richtungen hin Vorschläge für Lösungswege kritisch zu entwickeln. Die Aufgabe umfaßt einmal die Abgrenzung der Anweisungslage von Fallkonstellationen, die eine Anweisungslage nicht aufweisen (unten 2 und 10), zum andern die Regelung bestimmter Einzelfragen innerhalb der Anweisungslage, soweit sie nicht schon im Vorhergehenden ausführlich genug behandelt worden sind (unten 3—6). Daneben fördert die Einsicht in die Struktur der Anweisungslage auch die rechtliche Beurteilung von Leistungen in anderen Dreiecksbeziehungen (unten 7 und 8). Schließlich: Aus den bisherigen Überlegungen zur Anweisung läßt sich, wie am Schluß des letzten Abschnitts bereits angedeutet wurde, ein Orientierungsschema abstrahieren, das für die bereicherungsrechtliche Behandlung von Dreiecksverhältnissen über die Anweisungslage und verwandte Fälle hinaus praktikabel erscheint (unten 9).

2. Fehlende Anweisungslage

Der Dreiecksfall der fehlenden Anweisungslage ist dadurch gekennzeichnet, daß mit Ausnahme einer Leistung von A an C die Voraussetzungen für die Geltung anweisungsspezifischer Rechtsfolgen im Verhältnis A-B bzw. B-C von vornherein nicht gegeben sind, weil ein Dekkungsverhältnis (und damit eine Anweisungslage) nicht intendiert gewesen ist, sei es von A und B gemeinsam nicht, sei es von einer der beiden Parteien nicht. Zur Illustration ein Beispiel:

B, Schuldner des C, kontrahiert als falsus procurator im Namen des C mit A. A leistet an C in der Meinung, eine eigene Schuld zu erfüllen. C empfängt die Leistung des A in der Meinung, damit werde die Schuld des B erfüllt. Nach Aufklärung des wahren Sachverhalts klagt A gegen C auf Rückgewähr des Empfangenen.

Es liegt (jetzt) auf der Hand, daß mit der Leistung von A an C anweisungsmäßige Rechtsfolgen weder zwischen A und B noch zwischen B und C eintreten können. Die — an sich nicht falsche — Feststellung, es fehle zumal die Weisung des B, so daß A von C kondizieren kann,

2. Fehlende Anweisungslage

wäre sachlich nicht angemessen. Die Fallkonstellation ist derart, daß eine Beurteilung unter dem Gesichtspunkt anweisungsrechtlicher Kriterien gar nicht diskutabel ist. In Betracht kommt von vornherein nur eine Kondiktion des A gegen C[211].

Ganz anders hat bekanntlich der BGH argumentiert und entschieden, in einem ersten Urteil noch auf der Basis der älteren Lehre[212]. Das Gericht vermißte zwischen A und C die für eine Kondiktion erforderliche unmittelbare Vermögensverschiebung, weil C die von A erbrachte Leistung von B zu fordern berechtigt war. Wir können dahingestellt sein lassen, ob der BGH mit diesem Argument die Formel von der Unmittelbarkeit der Vermögensverschiebung durch mittelbare Zuwendung zutreffend gehandhabt hat[213]. Denn in einem späteren Urteil, das einen etwas anderen Fall betraf, lieferte der BGH eine Begründung vom nunmehr eingenommenen Standpunkt der modernen Lehre nach[214]. Der BGH versteht jetzt mit dem neueren Schrifttum „unter einer Leistung i. S. des § 812 Abs. 1 BGB eine bewußte und zweckgerichtete Vermehrung fremden Vermögens", und auf dem Boden der folgerichtigen Erkenntnis, daß von dieser Prämisse her die Zweckbestimmung der Parteien die Richtung des Leistungsverhältnisses und ergo der Kondiktion festlegt, entscheidet sich das Gericht für die Auffassung, es komme darauf an, „als wessen Leistung sich die Zuwendung bei objektiver Betrachtungsweise in den Augen" des Empfängers C darstellt. Damit war der Maßstab des „Empfängerhorizonts", der seitdem ein fester Bestandteil der Rechtsprechung ist, höchstrichterlich gutgeheißen, und der BGH sah von dieser Warte aus sein früheres Urteil bestätigt, da er (mit *Esser*) nicht verkannte, daß die neue Theorie der Leistungskondiktion der Absicherung durch das Prinzip der „Subsidiarität" des Anspruchs wegen Bereicherung „in sonstiger Weise" bedarf[215].

Es entbehrt nicht einer gewissen Ironie, daß besser als bei der erstmaligen Übernahme der neuen Lehre in die Rechtsprechung die absolute Untauglichkeit dieser Lehre nicht hätte demonstriert werden können. Die Idee, das Kriterium für die Regelung des Bereicherungsaus-

---

[211] Siehe aber noch unten Fußn. 231. — Wie anfechtbar *Wilhelms* theoretische Grundlegung ist, zeigt sich auch an diesem Fall. Nach *Wilhelm* fehlt zwar die „Disposition" des A (also die Bereitschaft des A, seine Leistung B zur Verfügung zu stellen), die des B ist dagegen gegeben. *Wilhelm* 150 f., 152; auch JuS 1973, 1, 5 f.

[212] BGHZ 36, 30, 31 f. (Idealheim-Fall).

[213] Die ältere Lehre hatte diese Formel ja an der Anweisungslage entwickelt (oben bei Fußn. 79). Demnach waren deren Voraussetzungen zu prüfen.

[214] BGHZ 40, 272, 277 f. (Elektrogeräte). Zu diesem Fall noch unten VI 9.

[215] In neueren Urteilen bezeichnet der BGH den modernen Leistungsbegriff samt Folgeerscheinungen als Ergebnis „nunmehr gefestigter Rechtsprechung". Etwa BGH NJW 1974, 1132 f.

gleichs im Dreiecksverhältnis schlicht auf den Empfängerhorizont zu reduzieren, ist gewaltig und (schließlich) selbst Vertretern der modernen Lehre, zumal deren Protagonisten, zu weit gegangen[216]. Aber die Idee hat Methode (von einem Tatbestand her, der mit dem Leistungsbegriff identisch ist und in dem die Zweckbestimmung einen überragenden Platz einnimmt). In Wahrheit freilich dürfte der Gedanke des Empfängerhorizonts unschlüssig sein und Grundprinzipien unserer Rechtsordnung zuwiderlaufen.

„Deckt sich", sagt der BGH in einem jüngeren Urteil, „die Zweckvorstellung des Zuwendenden nicht mit der des Zuwendungsempfängers, darf dieser vielmehr von seinem Standpunkt aus die Zuwendung als Drittleistung ansehen, dann vollzieht sich der Bereicherungsausgleich allein nach den Grundsätzen, die für die Tilgung fremder Schulden *oder* für die Leistung mittels eines Dritten entwickelt worden sind"[217]. Sehen wir uns die Alternativen etwas genauer an. Angenommen, C darf davon ausgehen, daß A anweisungsgemäß leistet. Dann muß A mit der Möglichkeit fehlender oder defekter Weisung rechnen[218]. Andernfalls, das erkennen wir jetzt, würde der „Empfängerhorizont" den Mangel einer tatbestandsmäßig erforderlichen, aber nicht abgegebenen oder nicht wirksam abgegebenen Willenserklärung (Weisung) eines Dritten überspielen. Es gibt meines Wissens keine Regel, nach der sich begründen ließe, daß der Anscheinstatbestand des Empfängerhorizonts im Verhältnis A-C anweisungsspezifische Rechtsfolgen im Verhältnis A-B bzw. B-C auslöst, im Verhältnis also zu einer außerhalb (der für den Empfängerhorizont maßgebenden Beziehung) stehenden Partei[219]. Räumt aber der Schein anweisungsmäßiger Leistung das Risiko in bezug auf die Weisung nicht aus, dann gilt dies — wir wagen diese Art des Schlusses — erst recht, wenn eine Anweisungslage gar nicht existiert und eine anweisungsgemäße Zurechnung schon aus diesem Grund nicht in Frage kommt. Damit stellen wir nicht mehr und nicht weniger fest, als daß

---

[216] Gegen den BGH *v. Caemmerer*, Irrtümliche Zahlung S. 163 ff. (364 ff.); *Esser* seit der 3. Aufl., zuletzt 4. Aufl. S. 350 f.; *Weitnauer*, NJW 1974, 1729, 1731 f.; ferner *Köndgen* 71; *Eike Schmidt* in *Esser / Schmidt / Köndgen*, Fälle und Lösungen, 3. Aufl. 1971, S. 83; *Larenz* 484 f. mit weit. Belegen. Autoren, die dem BGH zustimmen, bei *Wilhelm* 147 Fußn. 285 und *Wieling*, JZ 1977, 291, 292 Fußn. 11. Vgl. auch noch *Medicus* Rdn. 687.

[217] NJW 1974, 1132, 1133 l. Sp. Hervorhebung von mir.

[218] Worauf der Empfänger vertrauen darf, muß unabhängig vom Gedanken des Empfängerschutzes bestimmt werden. Sonst begründet man den Empfängerschutz mit dem Empfängerschutz, also absolut und folglich die Regelung bei fehlender Weisung in Funktion des Empfängerschutzes (dazu unten VI 3), womit der Gedanke eine ganz andere Wendung erhält. Unten bei Fußn. 229.

[219] Ebensowenig kommt in Betracht, daß C auf Andeutungen des B beruhendes Vertrauen A gegenüber ins Feld führt. Siehe schon *v. Caemmerer*, Irrtümliche Zahlung S. 158 f. (360), ferner *U. Huber*, JuS 1970, 515, 516 r. Sp.

2. Fehlende Anweisungslage

es einen Schutz des Vertrauens auf anweisungsmäßige Leistung gar nicht geben kann.

Und wie verhält es sich mit dem Anschein einer Leistung gem. § 267 BGB? Diese Version müßte den Verfechtern des „Empfängerhorizonts" natürlich am liebsten sein[220]; denn derart käme als einzurechnendes Risiko nur das Fehlen der Forderung gegen B in Betracht, welches Risiko dem C schlecht abgenommen werden kann[221]. Hier bleibt indessen zu beachten, daß § 267 BGB den Fall regelt, daß der Dritte aus eigenem Antrieb, spontan auf die Schuld des C leistet[222]. Soll also im Wege des Empfängerschutzes die Regelung des § 267 BGB eingreifen, so muß für den Empfänger der Schein einer solchen Spontanleistung des Dritten entstanden sein. Man wird die Verursachung eines solchen Anscheins durch den Dritten A nicht als ausgeschlossen ansehen können, wohl aber als eine sehr fernliegende, ganz ungewöhnliche Möglichkeit[223], die zudem einen Bereicherungsausgleich im Anschluß an § 267 BGB nicht zwingend machen muß[224]. Es ist vermutlich nicht zuviel behauptet, wenn wir meinen, daß in allen einschlägigen Fällen die Tatsacheninstanzen, wäre ihr Augenmerk darauf gerichtet gewesen, Indizien für den Anschein einer Spontanleistung nicht gefunden hätten.

So entfällt praktisch jede Handhabe, den Empfänger in seinem Vertrauen auf die Rechtslage einer Drittleistung zu schützen[225]. Zu entscheiden ist nach objektiven Kriterien[226]. Damit haben wir uns, allerdings

---

[220] Siehe nur *Baur / Wolf*, JuS 1966, 393, 395 ff.

[221] Doch wird auch hierzu vertreten, der Dritte A könne vom Empfänger C trotz fehlender Forderung nicht kondizieren. Eine (weithin nicht geteilte) Auffassung, die den Leistungsbegriff der h. L. besonders konsequent und wertungsmäßig folgerichtig zu handhaben meint. Siehe vorläufig nur *Esser* 347. Einzelheiten unten VI 8.

[222] Zu § 267 BGB noch unten VI 8.

[223] Es trifft also den Kern der Sache nicht, wenn *Wilhelm* 135 f. den Empfängerschutz deswegen verneint, weil „die Erfüllung einer fremden Schuld eine extraordinäre Möglichkeit ist". Zu kurz ist auch *Möschels* Argument geraten, bei Kreditinstituten scheide § 267 BGB immer aus. JuS 1972, 297, 302 r. Sp.

[224] Die Frage ist, ob der Leistende nicht wegen Inhaltsirrtums anfechten kann. Dazu etwa *Canaris* 827; *Erman / Hefermehl* § 951 Rdz. 7.

[225] Auch eine Abwägung zwischen der Sicht des Empfängers und der des Leistenden (siehe nur *Medicus* Rdn. 687 und *Lopau*, JuS 1975, 773, 776 f.) entfällt. Vgl. noch im folgenden. Es entspricht unserer Zielsetzung, daß wir (jedenfalls zum Teil) dem weithin bestehenden Unbehagen über den „Empfängerhorizont" mit dem für die Geltung anweisungsmäßiger Rechtsfolgen entwickelten Tatbestand sozusagen von selbst Rechnung tragen.

[226] Das gilt auch für die sachenrechtliche Seite, zumal bei Leistung beweglicher Sachen. Da A an C übereignen will, wird man in der Regel einen Eigentumserwerb des C annehmen dürfen. Insoweit zutreffend *Wieling*, JZ 1977, 291, 295 l. Sp. Liegt der Fall so, daß C von B Eigentum erwerben wollte, dann stellt sich, abgesehen von dem Problem einer Einigung zwischen B und C (dazu etwa *Weitnauer*, NJW 1974, 1729, 1733 l. Sp.; *Picker*, NJW 1974, 1790,

VI. Einzelfragen

nicht ungern, ein weiteres Argument gegen die Lehre vom Empfängerhorizont selbst aus der Hand geschlagen; müßte diese sich doch bei ihren Prämissen fragen lassen, was dann gelten soll, wenn die Leistung von A an C keinen objektiv eindeutigen Sinn hat[227]. Daß der BGH nicht alle der hier angeschnittenen Fragen behandelt und gar in unserem Sinn beantwortet hat, wird ihm niemand zum Vorwurf machen. Wohl aber, daß die von ihm selbst formulierte Alternative der Drittleistung ein Lippenbekenntnis bleibt, ohne auch nur den Ansatz einer differenzierenden Betrachtung[228]. Im Ergebnis deckt die unkritische Rede vom

---

1794 und Fußn. 46; zuletzt *Wieling*; alle zu BGH NJW 1974, 1132), die Frage eines gutgläubigen Erwerbs „auf Geheiß". Siehe die soeben Zitierten. Außerdem noch *Lopau*, JuS 1975, 773, 774 f. Dazu läßt sich jetzt sagen: Wenn C schuldrechtlich nicht auf die Rechtslage einer Drittleistung vertrauen darf (hier käme zumal nur Vertrauen auf anweisungsmäßige Leistung in Betracht), so folgerichtig auch sachenrechtlich nicht. Daß C glaubt, A handele auf Geheiß des B, nützt ihm nicht, wenn A in Wirklichkeit nicht spezifisch auf Geheiß des B handelt. Der Streit um diese Frage ist von meinem Standpunkt aus ebenso unerquicklich wie überflüssig. Er kann freilich entgegen *Picker* 1797 l. Sp. ohne „eine Überprüfung der modernen Bereicherungstheorien" befriedigend nicht entschieden werden. Dem BGH 1134 l. Sp. ist entgegenzuhalten, daß nicht die sachenrechtliche Absicherung des „Empfängerhorizonts" ansteht, sondern die Aufgabe, mit dem Irrtum des modernen Leistungsbegriffs auch den des „Empfängerhorizonts" zu erkennen. Von unserem Fall zu unterscheiden ist die Konstellation, daß A dem falsus procurator B die Sachen übergibt und dieser sie als eigene Leistung an C weitergibt. Hier kommen die Vorschriften der §§ 929, 932 BGB ins Spiel. Liegen deren Voraussetzungen vor, dann sind A nach der Wertung des Gesetzes dingliche Ansprüche abgeschnitten, (hier) folgerichtig auch schuldrechtliche. Vgl. auch *Wilhelm* 151 Fußn. 298. Wohin der Einzelfall (wobei B nicht notwendig falsus procurator sein muß) wertungsmäßig gehört, kann schwierig sein zu entscheiden. Vgl. BGHZ 40, 272. Dazu noch unten VI 9.

[227] Diese Zwickmühle mag *Wieling*, JZ 1977, 292 insgeheim verspürt haben, wenn er, dem Problem ausweichend, seinen Beispielsfall so bildet, daß C aus Bemerkungen des B auf eine anweisungsmäßige Leistung des C schließen darf. Siehe im übrigen oben Fußn. 219. Kein Wort noch zu *Baur / Wolf* (oben Fußn. 220) passim. Ich vermisse, wenn ich richtig sehe, jede Begründung dafür, daß C sich gerade auf den Schein einer Leistung gemäß § 267 BGB soll verlassen können. *Beuthin*, JZ 1968, 323, 327 l. Sp. ist für den Regelfall entgegengesetzter Meinung, wohl zu Recht. Entscheidend ist aber, daß bei Mehrdeutigkeit weder das eine noch das andere angenommen werden könnte. Vgl. auch *Erman / Hefermehl* § 951 Rdz. 7. Anders allerdings *Serick* (oben Fußn. 90) 657 f. Nach *Serick* finden die Auslegungsregeln der §§ 133, 157 BGB auf die Zweckbestimmung keine Anwendung. *Serick* befürwortet stattdessen eine neue Kategorie der bereicherungsrechtlichen Zurechnung zugunsten des Empfängers. Damit droht eine bereicherungsrechtliche Fehlentwicklung, eine Verfestigung, wie man sie etwa beim sog. Anwartschaftsrecht (des Vorbehaltskäufers) im Hinblick auf seine Hochstilisierung zum subjektiven, dinglichen Recht beobachten kann. Vgl. *Kupisch*, JZ 1976, 417 passim, zumal 424 l. Sp., 427 r. Sp.

[228] BGH NJW 1974, 1133 l. Sp.: Die Lieferung von A an C habe sich für C als eine Leistung dargestellt, die A an C „für" B erbrachte. Also § 267 BGB? Nein! „In der Regel wird der Empfänger ohnehin annehmen, der Schuldner leiste an ihn mittels eines Dritten." Also anweisungsmäßige Leistung, ohne daß der BGH (entgegen seinem Gewährsmann *Beuthin*, vorige Fußn.) den Unterschied reflektiert. Kritisch zum BGH auch *Weitnauer*, NJW 1974, 1729,

Empfängerhorizont den schon BGHZ 36, 30 zugrunde liegenden, m. E. unrichtigen Satz, daß der redliche Gläubiger an die Relativität seines Schuldverhältnisses nicht gebunden ist[229].

Natürlich gibt es auch im Drei-Personen-Verhältnis Empfängerschutz. Abgesehen von der schon angedeuteten entlegenen Möglichkeit in dem (wohl auch nicht gerade häufigen) Fall etwa, daß die Voraussetzungen anweisungsmäßiger Zurechnung vorliegen, über die Zuordnung der von A an C erbrachten Leistung aber deswegen Zweifel bestehen, weil selbständige Rechtsbeziehungen zwischen A und C mit im Spiel sind, zum Beispiel: C erwartet die Auszahlung eines ihm von A zugesagten Darlehens. Hier ist es ebenfalls der Sache angemessen, zur Feststellung der Zweckbestimmung die Vorschriften über die (empfangsbedürftige) Willenserklärung und deren Auslegung heranzuziehen; denn der „Empfängerhorizont" traditionellen Stils scheitert nicht daran, daß die Zweckbestimmung keine Willenserklärung wäre[230].

Kehren wir zum Ausgangsfall zurück. A hat — einfach genug festzustellen — eine Kondiktion gegen C, wobei tatbestandsmäßig subjektive Elemente überhaupt keine Rolle spielt[231]. Dieselbe Rechtslage ist bei Dissens gegeben: wenn A mit B kontrahieren wollte, aber B nicht mit A oder umgekehrt. Soweit C schutzwürdig ist, kann das im Rahmen von § 818 Abs. 3 BGB berücksichtigt werden[232].

3. Anweisungslage: Mängel der Anweisung

a) Unserem dogmatischen Konzept liegt die Unterscheidung zugrunde zwischen (1) Voraussetzungen, von denen abhängt, ob Rechtsfolgen im Deckungs- bzw. Valutaverhältnis eintreten (Anweisung, anweisungsgemäße Leistung, wirksame Leistung), und (2) Voraussetzungen, die

---

1731 f. *Weitnauer* übersieht indes die Determination des von ihm verworfenen „Empfängerhorizonts" durch den modernen Leistungsbegriff, dessen Anerkennung *Weitnauer* nachdrücklich (1729) billigt.

[229] Siehe demgegenüber nur die geradezu klassischen Formulierungen des Reichsgerichts, RGZ 44, 136, 143.

[230] Unzutreffend deshalb *Larenz* 485. Die im Text entwickelte Differenzierung verfehlt auch *Wieling*, JZ 1977, 291. Für die Zweckbestimmung als Willenserklärung allerdings richtig *Wieling* 291 insbes. Fußn. 7.

[231] So mit Selbstverständlichkeit RGZ 98, 64, 65 in einem unmittelbar vergleichbaren Fall. Dazu bereits *Flume*, JZ 1962, 281, 282. Entgegen *Flume* ist aber auch nicht darauf abzuheben, daß die Sicht des Leistenden entscheidend sei. Diese Auffassung scheitert bei Dissens. Siehe im folgenden. Wie hier im Ergebnis auch *Wilhelm* 149.

[232] So schon RGZ 98, 65 f. Vgl. außerdem *Flume* (vorige Fußn.); *Canaris* 826 ff.; *Larenz* 485. *Wielings* Kritik (JZ 1977, 292 f.) ist unbegründet. Daß der Bereicherungsschuldner das an einen Dritten gezahlte Entgelt nicht als Wegfall der Bereicherung geltend machen kann, paßt nur bei abhanden gekommenen Sachen.

74   VI. Einzelfragen

über die Art der Rechtsfolgen entscheiden (Beschaffenheit der Kausalbeziehungen). Damit sind gleichzeitig auch die Fehlerquellen ihrer Tragweite nach eingestuft. Fehlt es an einer Voraussetzung unter (1), so scheidet eine anweisungsmäßige Rechtsfolgenerstreckung aus. Betrifft der Fehler die Voraussetzungen unter (2), so begründet das (eben) die Kondiktion in dem betreffenden Kausalverhältnis (Deckungs- oder Valutaverhältnis).

Es überrascht nicht, daß die moderne Lehre, zumal im Gefolge des „Empfängerhorizonts", für diese Unterscheidung keinen Blick hat. Das zieht vor allem für die praktisch wichtige Beurteilung von Mängeln der Anweisung unzutreffende Konsequenzen nach sich[233]. Insoweit ist der Schutz des Empfängers, dem man das Vertrauen in die Rechtslage gem. § 267 BGB zubilligt, schlechthin perfekt. Durchaus folgerichtig ist deshalb in einer Urteilsanmerkung die Meinung vertreten worden, trotz fehlender Anweisung sei A die Kondiktion gegen C zu versagen[234]. Und eine Stellungnahme zum Thema, in der die Akzente hinsichtlich des Empfängerhorizonts etwas anders gesetzt sind, kennt nur die Rubrik „Mängel im Deckungsverhältnis" und gipfelt in der These, auch die Anweisung eines Geschäftsunfähigen sei beachtlich[235].

Umgekehrt: Wer, wie *Canaris*, der Lehre vom Empfängerhorizont ablehnend und der herrschenden Lehre überhaupt kritisch gegenübersteht, vermag auch auf dem Boden dieser Lehre die zutreffenden Einteilungskriterien zu erkennen, wobei freilich *Canaris* der ihm überhaupt am Herzen liegende Gedanke der Zurechnung zu Hilfe kommt. Die Anweisung, sprich Willenserklärung, ist in der Tat ein unverzichtbares Glied in der Kette der Voraussetzungen, von deren Verwirklichung anweisungsmäßige Rechtsfolgen in Bezug auf B abhängen. Das Fehlen einer Anweisung läßt notwendig die Zurechnung scheitern. Ebenso (und wertungsmäßig gerechtfertigt) das Fehlen einer wirksamen Anweisung. Im Kontext des für zutreffend erkannten Tatbestands, an den sich die Zurechnung knüpft, kann über diese Würdigung eines rechtsgeschäftlichen Elements kein Zweifel bestehen[236].

---
[233] Die Zusammenhänge sieht auch *Wilhelm*, AcP 175, 304, 307.
[234] *Pfister*, JR 1969, 47 ff., zu BGHZ 50, 227 (zu diesem Urteil noch unten b). Siehe auch *Larenz*, 10. Aufl. S. 415 f. Anders 11. Aufl. S. 482 f., aufgrund revidierter Einschätzung des Empfängerschutzes.
[235] *Möschel*, JuS 1972, 297, 300 ff. Vgl. auch BGHZ 61, 289, 292. Kritisch dagegen *Wilhelm* 159 ff. und AcP 175, 316.
[236] Zum Tatbestand im einzelnen oben V 1. — Noch einmal ein Blick auf die Argumentationsweise *Wilhelms*. Die Fälle fehlender Anweisung sind für *Wilhelm* (139) solche des fehlenden „Durchgangs" und dergestalt plausibel (AcP 175, 313): „Das Fehlen der Disposition des Anweisenden steht dem Fehlen des Erwerbs und der Weiterübereignung durch den Schuldner gleich in dem Fall, daß erst an den Schuldner und von diesem an den Gläubiger übereignet werden soll. Wie in diesem Fall der Vormann des Schuldners, hat er die Sache an den Gläubiger gegeben, vom Gläubiger vindizieren kann, hat

3. Anweisungslage: Mängel der Anweisung

Die einzelnen Fälle hat *Canaris* zusammengestellt[237]. Zu Recht mißt *Canaris* auch der Anfechtung der Anweisung und ihrem (rechtzeitigen) Widerruf zurechnungshindernde Kraft bei. Die gegenteilige Auffassung wurzelt zumeist im Irrtum des „Empfängerhorizonts"[238]. Wo sie sich anderer Argumente bedient, vermag sie ebensowenig zu überzeugen. Nach *Köndgen* zum Beispiel[239] kann der Anweisende durch Widerruf oder Anfechtung „nur die in der Anweisung liegende Willenserklärung (beseitigen), nicht stets (?) dagegen die gleichfalls in der Anweisung enthaltene Veranlassung der Vermögensverschiebung". *Köndgen* spricht von der „Unumkehrbarkeit von ursprünglich zurechenbar veranlaßten Vermögensbewegungen", von der „Irreversibilität der Leistung" und folgert: „Der Leistungsakt ist mit der Erteilung der Anweisung perfekt, der anschließende Weg der Vermögensverschiebung ist vom Leistenden nicht mehr beherrschbar." Um das zu verstehen, muß man sich die Anweisung als Kommando vorstellen, woraufhin sich (mit der Zahlung

---

im Fall der Anweisungsleistung der vermeintlich Anweisende mit der Leistung nichts zu tun und kann grundsätzlich ungeachtet einer Forderung des Empfängers gegen den „Anweisenden" der „Angewiesene" vom Empfänger kondizieren." Da *Wilhelm* den Gedanken der Analogie verfehlt (oben IV 5), zieht er auch für den Fall, in dem mangels Voraussetzung Analogie ausscheidet und die Kondiktion des A gegen C sich sozusagen von selbst ergibt, „die Parallele zwischen mehrfacher Übereignung und Anweisungsleistung". *Wilhelm*, AcP 175, 317, bezeichnenderweise unter Berufung auf *Canaris*. Siehe oben bei Fußn. 127.

[237] BB 1972, 774, 778 (Kritik am Empfängerschutz 779): schlichtes Fehlen der Anweisung (dazu kommen noch Überzahlung, Zahlung an den falschen Adressaten), Fälschung der Anweisung, Anweisung eines Vertreters ohne Vertretungsmacht, eines Geschäftsunfähigen, eines nicht voll Geschäftsfähigen, Fehlen der Verfügungsmacht, Anfechtung, (rechtzeitiger) Widerruf. Zur Anweisung eines Geschäftsunfähigen siehe noch *Wilhelm* 158 ff. (gegen *Möschel*, oben Fußn. 235). Im Anschluß an Hermogenian Dig. 44, 4, 16 tritt *Wilhelm* für die Möglichkeit ein, daß der Angewiesene seine Leistung als solche auf die Schuld eines Geschäftsunfähigen gegenüber dem Empfänger gelten läßt und mit einer Regreßforderung gegen die bestehen gebliebene Forderung des Geschäftsunfähigen aufrechnet. Die Digestenstelle rechtfertigt ein solches Wahlrecht des Angewiesenen nicht. Näheres am andern Ort. Nicht zu folgen ist *Wilhelm* 163 f. auch für den Fall der Anweisung eines beschränkt Geschäftsfähigen. Das römische negotium claudicans paßt hin. Entgegen *Wilhelm* 169 f. entfallen schließlich auch bei der Irrtumsanfechtung anweisungsmäßige Rechtsfolgen. Die Bank, die sich gemäß § 8 AGB an den Überweisenden halten kann, muß diesem ihren Bereicherungsanspruch gegen den Empfänger abtreten.

[238] Siehe etwa *Larenz* 483 mit BGHZ 61, 289. Auch in diesem Fall (versehentliche Auszahlung eines der Bank gegenüber rechtzeitig widerrufenen Schecks) fehlt es für die anweisungsmäßige Zurechnung der Auszahlung offensichtlich an der rechtsgeschäftlichen Voraussetzung (der Widerruf kann auch nicht im Deckungsverhältnis wirksam, im Valutaverhältnis dagegen unwirksam sein, wie *Medicus* Rdn. 676 meint). Einen Vertrauensschutz gibt es insoweit nicht. Wie hier im Ergebnis auch *Heimann-Trosien*, JR 1974, 287 r. Sp. (Anm. zu BGHZ 61, 289). Umgekehrt kommt es nicht darauf an, daß der Empfänger das Fehlen oder die Unwirksamkeit der Anweisung kennt. Anders hingegen der BGH, zuletzt wieder BGHZ 67, 75.

[239] 69 f. mit 63 und 73 f. Vgl. oben Fußn. 107.

an den Empfänger) eine (reale) Vermögensverschiebung vollzieht, die
— das ist das Besondere bei *Köndgen* — dem wirtschaftlichen Wert nach
vom Angewiesenen zum Anweisenden geht und vom Anweisenden zum
Empfänger. Nimmt der Anweisende sein Kommando zurück (oder hatte
er es schon vorher zurückgenommen, der Angewiesene sich aber nicht
daran gehalten), so ist natürlich nicht ersichtlich, wie sich die stattgehabten „Vermögensbewegungen" durch das Vermögen des Anweisenden hindurch wieder zurück zum Angewiesenen sollen vollziehen können. *Köndgens* Denkweise berührt sich hier überraschenderweise mit
derjenigen *Wilhelms*[240], der seinerseits mit einem höchst anfechtbaren
Votum zum Problem aufwartet[241].

b) In BGHZ 50, 227 hatte der BGH folgenden Fall zu entscheiden: B
war von der Bank A ein Baudarlehen gewährt worden, für dessen
Rückzahlung das Wohnungsbauunternehmen C die Mitschuld übernommen hatte. Entgegen der Weisung des B, die Darlehensvaluta ihm auszuzahlen, überwies A das Geld — wie behauptet versehentlich — an
C, Gläubiger des B.

Der Fall bereitet nach allem keine Schwierigkeiten, wenn man sich
auch vom „Empfängerhorizont" nicht irritieren zu lassen braucht[242]. Da
die Weisung des B fehlt, fehlt es an einer Voraussetzung dafür, daß
die Leistung von A an C Rechtsfolgen im Verhältnis A-B (und B-C)

---

[240] Die Vermögensverschiebungen von A an B und von B an C, die *Köndgen* glaubt erkennen zu können, sind allenfalls eine Denkhilfe (vgl. oben Fußn. 160). Sie schlagen bei *Köndgen* in die Faktizität realer Vorgänge um, aus der Entscheidungen abgeleitet werden. Zur Einschätzung dieser Denkweise siehe die folgende Fußn.

[241] Zum Widerruf eines Schecks (BGHZ 61, 289), AcP 175, 304, 324, 336 f., 338. Da die durchgeführte Anweisung die Leistung des Angewiesenen „dem Vermögen des Anweisenden einverleibt" und „aus diesem Vermögen dem (Empfänger) zukommt", ist die zugrunde liegende Ermächtigung des Angewiesenen „mit Fug der Ermächtigung, über ein fremdes Vermögensstück zu verfügen, gleichzuordnen". Von daher leitet *Wilhelm* beim Scheck die Geltung der §§ 183, 170 ff. BGB ab. *Wilhelms* problematische Erklärung von teilweise richtig empfundenen Zusammenhängen (oben IV 5) droht hier in Begriffsjurisprudenz umzuschlagen, Begriffsjurisprudenz im Sinne verkörperlichten Rechts. So jedenfalls stellt sich mir *Wilhelms* Versuch dar, anweisungsspezifische Rechtfolgen (Wertungen) durch die Annahme einer „Vermögensverschiebung in deren abstraktester Form" (oben Fußn. 135) zu begründen und dergestalt die Weisung einerseits als „Vermögensverfügung" des Anweisenden über eigenes Vermögen (siehe noch *Wilhelm*, AcP 175, 315) aufzufassen, andererseits als Ermächtigung des Angewiesenen, über fremdes Vermögen zu verfügen, in welcher Verfügung dann auch noch die Verfügung des Angewiesenen über eigenes Vermögen stecken müßte. Diese Konstruktion gebiert jetzt Rechtsfolgen (siehe oben). Daß ausgerechnet *Wilhelm* und *Köndgen*, zwei entschiedene Antipoden im Streit um die Leistungskondiktion, sich auf dieser Ebene begegnen, spiegelt den derzeitigen Stand der Diskussion nicht ohne eine gewisse Paradoxie. Zu *Wilhelm* siehe noch *Krawielicki*, Jher. Jhb. 81, 311.

[242] Auch der BGH tut das in diesem Fall nicht (siehe aber im folgenden). Anders *Pfister* in seiner Kritik am Urteil, JR 1969, 47.

3. Anweisungslage: Mängel der Anweisung

zeitigt. Die Übernahme der Mitschuld durch C ist in jeder Hinsicht unbeachtlich. A kann von C kondizieren[243].

Auch der BGH gelangt zu diesem Ergebnis, allerdings auf eigentümlichem Weg. Der BGH sucht plausibel zu machen, daß A mit der Überweisung an C den von C akzeptierten Zweck verfolgt habe, das Darlehen auszuzahlen und die Rückzahlungsverpflichtungen von B und C zu begründen. Dieser Zweck sei nicht erreicht worden, weil B der Auszahlung an C nicht zugestimmt habe. Deshalb stehe A die Leistungskondiktion gegen C zu[244].

Für mein Gefühl ist die Unlogik der Argumentation nicht zu übersehen[245]. Wäre B mit der Überweisung an C einverstanden gewesen, so hätte es für die rechtliche Beurteilung (Begründung der Rückzahlungsverpflichtungen) der Berücksichtigung einer besonderen Zweckvereinbarung zwischen A und C nicht bedurft. Wie in aller Welt kann deshalb dann, wenn das Einverständnis des B fehlt, Rückzahlungsverpflichtungen folglich nicht entstehen und A nochmal zahlen muß, für die (nicht zweifelhafte) Kondiktion des A gegen C eine derartige Zweckvereinbarung mehr als ein unmaßgebliches Akzidenz sein? Der mißlungene theoretische Aufwand verrät ein Dilemma, das dem Urteil selbst nicht unmittelbar zu entnehmen ist[246]. Um es kurz zu machen:

---

[243] An diesem Ergebnis ändert sich entgegen *Eike Schmidt* (oben Fußn. 216) 85 auch dann nichts, wenn das Versehen des A in der irrigen Auffassung bestand, er „dürfe angesichts des Umstands, daß das Geld ohnedies nur zweckgebunden für das Bauvorhaben bewilligt war, die Darlehenssumme gleich an" C leiten. Auch ein derartiges Versehen rechtfertigt nicht die von *Schmidt* anvisierte Anwendung des § 267 BGB. Die Vorschrift setzt eine spontane, aus eigenem Antrieb erbrachte Leistung des Dritten auf die fremde Schuld voraus, was in casu schon wegen der Verpflichtung des A gegenüber B auf Auszahlung rechtlich nicht in Frage kam. Siehe im übrigen noch unten VI 8. Gegen *Schmidt* im Ergebnis auch *Wilhelm* 135 ff. Vgl. ferner *Lorenz*, JZ 1969, 150; *Möschel*, JuS 1972, 297, 302 r. Sp.

[244] BGHZ 50, 230 f.

[245] *Wilhelm* 134 spricht von einem „unglücklichen Lösungsweg" aufgrund des Leistungsbegriffs der h. L.

[246] Die Überschwenglichkeit, mit der *Ehmann* (NJW 1969, 398) das Urteil begrüßt hat, ist fehl am Platz. *Ehmanns* Auffassung, im Sinne des § 812 Abs. 1 BGB sei Rechtsgrund einer Leistung nicht das Kausalverhältnis, sondern eine die Leistung begleitende vertragliche Zweckbestimmung (plus Zweckerreichung), beruht auf einem Mißverständnis sowohl der von *Ehmann* angeführten reichsgerichtlichen Judikatur wie der Gesetzesmaterialien. Die von *Ehmann* 398 f. herangezogenen Urteile sind entweder nicht einschlägig (RGZ 44, 143, wo „Auflösung" schlicht für Erfüllung steht) oder beziehen sich auf Fälle, in denen die Zweckbestimmung akut wird, ohne daß hier die Figur des Vertrags die angemessene Interpretationshilfe wäre (vgl. zum folgenden oben V 3 und 5): Dreiecksbeziehungen (RGZ 98, 64, 65; RG JW 1909, 274 Nr. 7); Frage, auf welchen Rechtsgrund geleistet wurde (RGZ 105, 29, 31); ob § 814 BGB vorlag (RGZ 133, 275, 277). In drei weiteren Urteilen (RGZ 101, 320, 321 f.; RG JW 1917, 103 Nr. 5; RG Warn. Rsp. 1910 Nr. 17) wird „Grund" synonym für Kausalgeschäft verwendet. Das ist auch die Bedeutung von „Zweckbestimmung" in den Protokollen, wie sich aus dem Zusammenhang

Soweit bei fehlender Anweisung eine Kondiktion von A gegen C befürwortet wird, kommt nach überwiegender Meinung nur eine Kondiktion wegen Bereicherung „in sonstiger Weise" in Betracht[247]. Nun soll diese Kondiktionsart aber subsidiär gegenüber der Leistungskondiktion sein, und das heißt: eine Leistung kann nur durch Leistungskondiktion rückgängig gemacht werden. Kombiniert man damit die vom BGH begünstigte Empfängerperspektive (C darf davon ausgehen, daß B ihm geleistet hat), dann versteht man die Funktion der vom BGH für gegeben erachteten Zweckvereinbarung zwischen A und C. Auf diese Weise vermeidet der BGH nicht nur, die Klage abzuweisen[248]. Er schlägt auch die Kondiktion von A gegen C zu den Leistungskondiktionen und hat sich damit der Notwendigkeit enthoben, sie in der Sparte „fehlende Anweisung" unterzubringen und dementsprechend als „Eingriffskondiktion" begründen zu müssen (was ein von vornherein aussichtsloses Unterfangen wäre)[249].

Die hier zum Ausdruck kommende Verlegenheit paßt in das uns inzwischen vertraute Bild der modernen Lehre. Ebenso — objektiv gesehen — der Versuch, die Insuffizienz des Systems durch die Entwicklung neuer Rechtsregeln zu korrigieren, diesmal mit Hilfe der für den BGH stereotyp gewordenen Formel von den „Besonderheiten des einzelnen Falles"[250]. Nun ist der BGH (und die Rechtsprechung insgesamt) sicherlich nicht der in erster Linie zu nennende Adressat solcher Kritik. Unerfreulicher ist die Bereitwilligkeit, mit der anderweitig aus der Not mißglückter Prämissen die Tugend differenzierender Fallvarianten gemacht wird, weil man sich von der Frage nach den Prämissen nicht mehr angesprochen fühlt[251]. Unverträglichkeiten und übermäßige Komplikationen eines Konzepts scheinen geradezu als Siegel für seine sachliche Angemessenheit empfunden zu werden. Dabei ist — wie könnte es anders sein — das Problem der Kondiktion des A gegen C so alt wie die Lehre selbst. *v. Caemmerer* begnügt sich (wie schon *Wilburg*) mit dem Hinweis, die (wirksame) Anweisung sei Geschäftsgrundlage für

---

unschwer ergibt (Prot. S. 2951 ff. = *Mugdan* II 1173 ff.). Wie sehr *Ehmann* aufgrund eines anfechtbaren dogmatischen Vorverständnisses (vgl. oben Fußn. 177) die authentischen Zusammenhänge verfehlt, zeigt schließlich, daß er auch RGZ 111, 152 in seinem Sinne meint zitieren zu können. In diesem Urteil geht es um die Rechtsgrundabrede bei der Handschenkung!

[247] Dazu etwa *Canaris* 808; *Larenz* 482. Zum Folgenden BGHZ 40, 272, 277 ff.; 56, 228, 239 ff.

[248] Was in der Konsequenz von BGHZ 40, 272 gelegen hätte. Bemerkt auch von *Larenz*, 10. Aufl. S. 416 Fußn. 1.

[249] Wie in BGHZ 50, 227 verfährt BGHZ 58, 184 (Kaufanwärter-Fall). Dazu unten VI 10.

[250] Zuletzt wieder BGHZ 67, 75, 77.

[251] Siehe zumal *Lorenz*, JZ 1969, 149 f.; *Heimann-Trosien*, JR 1974, 287 und BGB-RGRK § 812 Rdn. 27. Vgl. auch *Eike Schmidt* in *Esser / Schmidt / Köndgen*, Fälle und Lösungen 3. Aufl. 1971, S. 85 ff.

A und C[252], was weder eine tragfähige Begründung ist noch die Frage nach der systematischen Einordnung beantwortet. Das hat *Canaris* gezeigt[253]. *Canaris* selbst ist aber auch nur zum Teil einen Schritt weiter gekommen. Die Versöhnung mit dem System mußte ihm von seinen Prämissen her, die mit denen der h. L. übereinstimmen, mißlingen. Nach *Canaris* steht das Subsidiaritätsprinzip der Kondiktion von A gegen C deswegen nicht entgegen, weil wegen der fehlenden Anweisung und folglich fehlender Zweckbestimmung von B gegenüber C der Erwerb des C „als solcher an einem Mangel leidet" — was im Klartext nichts anderes heißen dürfte, als daß der Erwerb des C dem Eingriffserwerb angenähert wird. Eine These, die der Folgerichtigkeit nicht entbehrt, wohl aber der letzten Überzeugungskraft. In Wahrheit ist die Kondiktion des A schlicht Leistungskondiktion, da tatbestandsmäßig überhaupt nur A an C geleistet hat[254]. Die bereicherungsrechtlichen Folgen dieser Leistung treffen daher auch grundsätzlich C, es sei denn, daß sie aus besonderen Gründen im Verhältnis A-B und B-C gelten. Die von uns befürwortete Behandlung des Bereicherungsausgleichs im Drei-Personen-Verhältnis löst nicht nur das materielle Problem der Kondiktion des A gegen C, sondern auch, untrennbar damit verknüpft, das ihrer schlüssigen Einpassung ins System[255].

4. Anweisungslage: Mängel der Leistungsbeziehung

Das Leistungsverhältnis A-C leidet Not, wenn A geschäftsunfähig oder in der Geschäftsfähigkeit beschränkt ist. Bei Barzahlung[256] erwirbt C kein Eigentum, so daß, falls die Zahlung des beschränkt Geschäftsfähigen nicht genehmigt wird, an Rechtsfolgen nur eine Vindikation,

---

[252] Bereicherungsansprüche S. 387 (328 f.); *Wilburg* 114.

[253] BB 1972, 774, 777 l. Sp.

[254] Deshalb sind die Überlegungen, die *Heimann-Trosien* (soeben Fußn. 251) auf ein „besonders geartetes Leistungsverhältnis zwischen Angewiesenem und Empfänger" verwendet, gegenstandslos.

[255] Siehe oben V 1. An der Kondiktion des A gegen C ändert sich (selbstverständlich) auch dann nichts, wenn A an C nicht bar gezahlt hat, sondern auf das Konto des C bei dessen Bank D, die Leistung (= effektive Zahlung) also im Verhältnis A—D liegt. Insofern C für erwartete Zahlungen sein Bankkonto angibt, beurteilt sich (mit der Gutschrift) die Lage so, *als habe A an C geleistet und C an D.* Diese Wertung ist ihrerseits (insoweit sie anstelle einer Leistung von A an C steht) ein Element des anweisungsmäßigen Beurteilung im Verhältnis A—B—C bzw. — wie im obigen Fall — Grundlage der Leistungskondiktion des A gegen C, in — wiederum — analoger Anwendung des § 812 Abs. 1 BGB, weil A nicht an C, sondern an D geleistet hat. Diese Verschachtelung ist eine Folge des bargeldlosen Zahlungsverkehrs und bedarf noch der Vervollständigung, insoweit (die Bank) A regelmäßig nicht durch Barzahlung an D leistet, sondern durch Umbuchung seitens der Landeszentralbank, die (zu diesem Zweck) für beide Banken Konten führt.

[256] Wir gehen im folgenden der Problemlage wegen von Geldleistungen aus.

bei Vermischung nur eine Kondiktion von A gegen C in Frage kommt. Wie bei Vermischung ist auch bei bargeldloser Zahlung zu entscheiden. Diese Modalität kann bei der Art des sonst gegebenen Nichtigkeitsgrundes der Zahlung rechtlich keinen Unterschied machen[257].

Anders gestaltet sich die Lage im umgekehrten Fall. Der in der Geschäftsfähigkeit beschränkte C erwirbt Eigentum (vgl. § 107 BGB). Folglich können Rechtsfolgen im Verhältnis A-B bzw. B-C eintreten, im Verhältnis B-C aber nur nach Maßgabe einer Zahlung des Schuldners an den beschränkt geschäftsfähigen Gläubiger *(als habe A an B und B an C gezahlt)*[258]. Die bargeldlose Zahlung wirft hier keine Probleme auf.

Ist C geschäftsunfähig, bleibt (bei Barzahlung) A Eigentümer des Geldes, so daß an sich weder im Verhältnis A-B noch im Verhältnis B-C Rechtsfolgen angenommen werden können. Im Hinblick auf die zurechenbare Veranlassung des B erscheint es aber unbillig, A mit dem Risiko der Geschäftsunfähigkeit des C zu belasten. Deshalb wird man A gestatten müssen, der bestehen gebliebenen Forderung des B dadurch zu genügen, daß er die Vindikation gegen C an B zediert[259]. Aus derselben Überlegung heraus darf A bei nichtigem Deckungsverhältnis von B Wertersatz gegen Abtretung der Vindikation verlangen. Trotz der fehlgeschlagenen Zahlung von A an C ist also im Ergebnis eine der Veräußerungskette entsprechende Regelung gerechtfertigt.

Erwirbt C Eigentum infolge von Vermischung, so käme als Zessionsobjekt ein Bereicherungsanspruch (§§ 948, 951, 812 BGB) in Betracht. Die Römer haben in einem vergleichbaren Fall A gegenüber B für befreit angesehen (mittels exceptio doli) und B unmittelbar einen Bereicherungsanspruch gegen C gewährt, weil sie mit Rücksicht auf die Anweisung C (wie im Fall der Veräußerungskette) als aus dem Vermögen des B bereichert erachteten[260]. Folgen wir dieser eleganten Lösung, dann heißt das, daß auch bei bargeldloser Zahlung A auf Rechtsfolgen gegenüber B verwiesen ist (Befreiung oder Kondiktion) und B auf solche gegenüber C (Kondiktion, die bei gültigem Valutaverhältnis einer Forderung des C gegenübersteht).

---

[257] Zur Gleichbehandlung der bargeldlosen Zahlung allgemein *Canaris*, BB 1972, 774 r. Sp. und passim.
[258] Dazu zuletzt *Harder*, JuS 1977, 149 und *Wacke/Harder*, JuS 1978, 80.
[259] Übereignung gemäß §§ 929, 931 BGB durch schlichte Einigung. Statt aller *Palandt / Bassenge* § 931 Anm. 3.
[260] Julian Dig. 24, 1, 39. Dazu *Kupisch*, Zeitschr. d. Savigny-Stiftung f. Rechtsgesch., Rom. Abtlg., Bd. 93, 1976, S. 60, 88 ff.

5. Anweisungslage: Mängel der Kausalbeziehungen

a) Deckungsverhältnis

Mit der Erkenntnis des zutreffenden Maßstabs, nach dem sich bei nichtigem Deckungsverhältnis der Wertersatz bestimmt, werden die Schlingen vermieden, in die sich die h. L. verfängt. Wer, wie sie, dem Wertersatzanspruch des A gegen B die Schuldbefreiung des B gegenüber C zugrundelegt, kommt um die Anwendung des § 818 Abs. 3 BGB nicht herum, wenn zum Beispiel der Forderung des C die Einrede der Verjährung entgegenstand. Ja, die zunächst durchaus als problematisch empfundene Konsequenz wird in einem weiteren Schritt als Ausdruck der positiv-rechtlichen Risikoverteilung hin- und angenommen[261]. In Wahrheit kann von einer solchen Wertung durch das Gesetz keine Rede sein. Der Wertersatzanspruch des A ist am Leistungsgegenstand orientiert[262], und die Frage, ob sich B demgegenüber auf die Verjährung der Forderung des C berufen kann, impliziert keine positive Antwort, sondern stellt Sinn und Zweck des § 818 Abs. 3 BGB überhaupt zur Diskussion[263].

b) Doppelmangel

Ebenso verhält es sich beim Doppelmangel. Die Kondiktion des A gegen B ist nicht auf Abtretung der Kondiktion, die B gegen C hat, gerichtet, sondern auf Wertersatz für die an C erbrachte Leistung[264]. Infolgedessen scheidet eine Belastung des A mit dem Risiko der Einreden, die C der Kondiktion des B gegenüber zustehen, von vornherein aus. Fraglich ist wiederum nur, ob sich B bei Insolvenz des C im Rahmen des § 818 Abs. 3 BGB auf die Wertlosigkeit der Kondiktion gegen C soll berufen können[265].

Ein besonderes Wort verlangt noch die Lage bei Leistung einer Spezies. Da die Kondiktionen fällig sind, darf A keinen Nachteil dadurch erleiden, daß sich die Rückgabe von B an C verzögert. A kann sich mit der Abtretung der Kondiktion gegen C begnügen, muß es aber nicht. So kann der Fall eintreten, daß B die Sache erst wiedererlangt, nachdem er A Wertersatz geleistet hat. Ob A sich dann noch auf Rücknahme

---

[261] Siehe etwa *Koppensteiner / Kramer* 40, 41 f.; vgl. auch 43 f.
[262] Einzelheiten oben III 2 und 3.
[263] Vgl. insoweit die Ausführungen *Canaris'* (809, 814 ff., 819), die ihre Überzeugungskraft aber erst entfalten können, wenn die h. L. voll überwunden ist.
[264] Aber nicht, um es noch einmal zu sagen, weil B der Wert zugeflossen wäre, sondern weil B für den Leistungsgegenstand einstehen muß, den C erlangt hat. Zu allem oben III.
[265] Dazu wiederum *Canaris* soeben Fußn. 263, mit der Einschränkung daselbst.

gegen Restitution des Wertersatzes einlassen muß, möchte ich verneinen[266]. Umgekehrt: Erlangt B die Sache rechtzeitig von C zurück, dann hat A sie zurückzunehmen. Man kann diese Wertung dogmatisch so fassen: die analoge Anwendung des § 812 Abs. 1 BGB im Verhältnis A-B wird gegenstandslos, wenn die Voraussetzungen der direkten Anwendung gegeben sind. Denn B hat jetzt durch Leistung des A, wenn auch über C, etwas (ohne Rechtsgrund) erlangt[267].

c) § 822 BGB

Einsichtig läßt sich schließlich auch die Regelung machen, daß bei nichtigem Deckungsverhältnis und Schenkung im Valutaverhältnis A gemäß § 822 BGB von C kondizieren kann. Genau genommen handelt es sich um eine analoge Anwendung der Vorschrift. Denn B hat nichts erlangt[268] und folglich auch nicht weitergeben können. Gerechtfertigt ist aber die Beurteilung: als habe A an B geleistet und B das Geleistete unentgeltlich C zugewendet.

6. Anweisungslage: Angenommene Anweisung

Die angenommene Anweisung ist für die h. L. ein theoretisches Problem. Niemand denkt daran, zum Beispiel bei Mängeln des Deckungsverhältnisses und nichtiger oder angefochtener Annahme (oder gar wenn allein letzteres der Fall ist) A von C kondizieren zu lassen, weil A eine eigene Schuld erfüllen wollte, also auch nach der modernen Lehre (ohne Rechtsgrund) an C geleistet hat. Immerhin, A hat geleistet, ohne kondizieren zu können. Das ist für *Canaris*[269] ein weiterer Grund, an der Brauchbarkeit des derzeit praktizierten Leistungsbegriffs zu zweifeln. Demgegenüber sucht *Larenz*[270] mit der Distinktion zu helfen, das aus der Annahme resultierende Verhältnis A-C sei der Rolle des A „als Angewiesener und Leistungsmittler des Anweisenden nachgeordnet". Bei *Koppensteiner / Kramer* wiederum[271] sinkt der Leistungsbegriff bei

---

[266] So wenig wie der Schuldner, der Schadensersatz wegen subjektiver Unmöglichkeit geleistet hat, nach Erlangung des geschuldeten Gegenstands wieder auf das ursprüngliche Schuldverhältnis zurückkommen kann.

[267] Nec novum aut mirum esse quod per alium accipias te accipere. Celsus bei Ulpian Dig. 24, 1, 3, 12 für die Rechtsfolge eines Eigentumserwerbs. Dazu *Kupisch* (oben Fußn. 260) 79 ff. Die Lösungswege *Canaris'* (819 und Fußn. 59) und *H. P. Westermanns* (JuS 1968, 17, 21 r. Sp., 22 r. Sp.) kranken beide an dem verkehrten Ansatz der h. L.

[268] Auch nicht im Hinblick auf C. Daran scheitert die h. L., nach der B durch Leistung des A an ihn etwas erlangt haben muß. Vgl. oben II 1 am Ende.

[269] 806 f.

[270] 486 f.

[271] 45 f.

Erörterung der angenommenen Anweisung zu einem reinen Versatzstück herab. Er ist, „richtig verstanden, lediglich ein konstruktives ex post-Kürzel für alle diejenigen teleologischen Erwägungen, die für die Determinierung der Parteien des Kondiktionsverhältnisses maßgebend sind, und hat daneben keine eigenständig erklärende Bedeutung". Das bedeutet für diese Autoren „in letzter Konsequenz", daß im bereicherungsrechtlichen Sinne eine Leistung zwischen A und C nicht vorliegt.

Wir erkennen jetzt, daß die Annahme der Anweisung der allseits angestrebten Richtung des Bereicherungsausgleichs in keiner Weise zuwiderläuft. Das Gegenteil ist der Fall. Durch die Annahme werden die für den analogen Zusammenhang überhaupt maßgebenden Daten stabilisiert: B kann die Anweisung nicht mehr widerrufen, und A ist zur Leistung an C verpflichtet. Diese Leistung ist auch eine solche im bereicherungsrechtlichen Sinn. Mehr ist zur Frage nicht zu sagen.

7. Zession

A hat B ein Darlehen zugesagt. B verkauft und zediert die Darlehensforderung an C. A zahlt an den Zessionar. Es stellt sich heraus, daß der Darlehensvertrag nichtig ist. Von wem kann A die Darlehenssumme kondizieren?

Der einfache Fall ist mit herkömmlichen Mitteln befriedigend nicht zu lösen, weder mit dem Instrumentarium der h. L. noch mit dem ihres Kritikers *Canaris*. Wenden wir uns zunächst *Canaris* zu[272]. Mit dem Gespür für das unseres Erachtens richtige Ergebnis entscheidet sich *Canaris* für eine Kondiktion des A gegen B, was dem Leistungsbegriff der neueren Lehre offensichtlich zuwiderläuft, worüber sich *Canaris* freilich keine Gedanken zu machen braucht. Gedanken machen muß sich *Canaris* aber auch von seinem Standpunkt aus darüber, daß A von B nur kondizieren kann, wenn B etwas erlangt hat. B soll auch etwas erlangt haben: die Befreiung von dem Regreßanspruch des Zessionars[273]. Daß B diesbezüglich frei geworden ist, wird von *Canaris* nicht näher erläutert. Und selbst wenn wir davon absehen[274], so können wir doch jetzt nicht mehr hinnehmen, daß die Bereicherung des B nach seinem Verhältnis zum Dritten C bestimmt wird.

Im Sinne der h. L. befürwortet *Köndgen* eine Kondiktion des A gegen C[275]. Das hat indessen die Konsequenz, daß A das Risiko der Insolvenz

---
[272] Zum Folgenden *Canaris* 834 ff.
[273] Bzw. einen Kondiktionsanspruch, wenn das der Zession zugrunde liegende Kausalgeschäft nichtig ist. Vgl. *Canaris* 835.
[274] *Köndgen* (66) will bei *Canaris* eine petitio principii entdecken, weil eine nicht bestehende Forderung einen Behaltensgrund nicht abgeben könne. Dazu im folgenden, zumal unten Fußn. 278.

des C trägt. Ein solches Ergebnis ist mit dem das Zessionsrecht beherrschenden Grundsatz, daß die Stellung des Schuldners durch die Zession nicht verschlechtert werden darf, unvereinbar[276].

Aus eben diesem Grundsatz[277] folgt für uns im Wege der Analogie die Lösung, daß die Zahlung von A an C so zu beurteilen ist, als habe A die Valuta an B gezahlt und dieser sie an C weitergegeben[278]. Mangels Existenz der Verpflichtung B gegenüber resultiert aus dieser Bewertung die Rechtsfolge einer Kondiktion des A gegen B, an der uns nicht stört, daß B nichts erlangt hat. Das hat B auch dann nicht, wenn Zession nicht vorliegt und A auf Weisung des B an C zahlt und infolgedessen von seiner Verpflichtung B gegenüber frei wird bzw. eine Kondiktion gegen B erlangt. Man kann in der Tat sagen, daß die Lage im Ausgangsfall wertungsmäßig übereinstimmt mit derjenigen, die (nach Zahlung) im Anweisungsfall bei nichtigem Deckungsverhältnis besteht[279]. Der Unterschied, daß die Zahlung des A nicht auf eine Weisung des B zurückgeht, sondern auf die Vereinbarung zwischen B und C (Zessionsvertrag), ist für die zu beurteilende Frage ein solcher allein der Form und deshalb unerheblich. Das läßt sich auch noch anders verdeutlichen. Gäbe es, wie im römischen Recht, die Möglichkeit der Zession nicht, so ließe sich deren Effekt doch in der Weise erreichen, daß A von B angewiesen (!) wird, das, was er B schuldet, C zu versprechen[280]. In diesem Fall ist der gebotene rechtliche Bezug der Leistung von A an C auf das Verhältnis A-B nicht zu übersehen[281]. An dieser Perspektive ändert sich schwerlich dadurch etwas, daß C einfacher, ohne die Mitwirkung des A in die (behauptete) Forderungsposition des B einrücken kann[282].

---

[275] 66 f. Wie *Köndgen* auch *Peters*, AcP 173, 71, 83. Vgl. auch *v. Caemmerer*, Bereicherungsansprüche S. 387 (327 f.), ferner *Wilhelm* 144 Fußn. 176.

[276] *Köndgen* (67) übersieht bei seinen diesbezüglichen Überlegungen unseren Fall.

[277] Vgl. noch *Canaris* 835 und unten Fußn. 282.

[278] Entgegen *Köndgen* (oben Fußn. 274) hat also C durchaus einen Behaltensgrund; der liegt, anders gar nicht möglich, in seinem Kausalverhältnis zu B. Alles ist eine Frage der sachgerechten Wertung.

[279] Die Parallele übersieht *Medicus*, NJW 1971, 1366 r. Sp. Unzutreffend auch *Canaris* 836, wonach zur Abtretung noch eine Anweisung hinzutreten muß, wenn jeder „Durchgriff" gegen C ausgeschlossen sein soll. A entspricht doch mit der Zahlung an C der ihm durch die Zahlungsaufforderung des C (oder auf andere Weise) zur Kenntnis gebrachten „Weisung" des B, nämlich der Zession. Dazu noch sofort im Text. Zur Anweisung oben III 2 und 3.

[280] Sog. delegatio obligandi. Vgl. nur *Kaser*, Das römische Privatrecht I, 2. Aufl. 1971, S. 651.

[281] Verlust der Forderung des B gegen A (Novation) bzw. Kondiktion des A gegen B, wenn die Forderung nicht bestand. Dazu nur Paulus Dig. 12, 4, 9, 1, oben Fußn. 70.

[282] Mit *Heck* zu sprechen (und diesmal ist nichts einzuwenden, vgl. dagegen JZ 1977, 486, 490) sind „konstitutive Rechtsnachfolge" (wie im römischen Recht) und „translative" (wie im geltenden) nur zwei verschiedene Konstruktionen für ein und dieselbe Sache (Wechsel in der Zuordnung). Siehe *Heck*,

8. Leistung auf fremde Schuld

a) § 267 (§ 268) BGB

Die Theorie des § 267 BGB ist ein besonders unerfreuliches Kapitel des derzeitigen Bereicherungsrechts. Die Tatsache, daß weder die unnachgiebigen Verfechter des modernen Leistungsbegriffs eine überzeugende Lösung anzubieten haben noch diejenigen, die dem Begriff kritisch gegenüber stehen oder ihn jedenfalls weniger doktrinär handhaben wollen, hat zu einer hochkontroversen Lage geführt. Praktisch geht es um die Frage, ob (der Dritte) A von C oder von B kondizieren muß, wenn er auf eine vermeintliche Forderung des C gegen B gezahlt hat. Damit wird allerdings die Anschauung der Regelung des § 267 BGB schlechthin zur Diskussion gestellt, zumal die dogmatische Erklärung des Rückgriffs von A gegen B, wenn die Forderung des C besteht. Überhaupt ist die Vorschrift des § 267 BGB auf ihre Weise ein Prüfstein jeder Bereicherungsdogmatik.

Für *Esser* (und die ihm nahestehenden Autoren) verfolgt A mit seiner Zahlung an C einen Leistungszweck gegenüber B und vornehmlich einen Leistungszweck gegenüber B. Daraus (bereits) folgt für *Esser* „im Ergebnis" eine Übereinstimmung mit der Anweisungslage: A leistet an B und B an C. Bei Verfehlen des Leistungszwecks kann A von B den Wert der Schuldbefreiung kondizieren, bei nichtexistenter Forderung die Kondiktion des B gegen C. Ein Bereicherungsanspruch gegen C steht A nicht zu[283].

Begnügen wir uns damit festzustellen, daß an dieser Vorstellung in jedem Fall unrichtig ist, wie die Richtung der Leistung und der Gegenstand der Kondiktion des A gegen B bestimmt werden, und wenden wir uns der (herrschenden) Meinung zu, die bei fehlender Forderung

---

Schuldrecht 1929, Nachdruck 1958, S. 212 f. Es leuchtet im übrigen ein, daß eine Vereinbarung zwischen B und C dem Dritten A nicht nachteilig sein kann. Der Schuldner A muß zwar mit einem neuen Gläubiger rechnen (die Veränderung der Zuordnung können B und C herbeiführen). Nicht hinzunehmen braucht er aber eine Beeinträchtigung seiner Vermögensinteressen, die (konstitutiv) auf den alten Gläubiger bezogen sind (was durchaus auch normative Bedeutung hat, dem Schuldner also nicht die Wahl läßt, wen er auf Rückerstattung belangen will). Siehe nur §§ 404, 406, 407 BGB. Deshalb kann A, wenn die Forderung nicht bestand, von B kondizieren. Die Bedeutung der Zession liegt folglich wesentlich darin, daß die Forderung für die Gläubiger des Zedenten aus dessen Vermögen ausgeschieden ist (in bezug auf den Schuldner vgl. aber auch §§ 406, 407 BGB, jeweils 2. Hälfte). Wie bei der Zession wird man entgegen LG Bremen (NJW 1971, 1366) auch zu entscheiden haben, wenn C gegen B einen Pfändungs- und Überweisungsbeschluß erwirkt hat, auf den hin der Drittschuldner A gezahlt hat. Daß der Beschluß mangels Forderung „ins Leere geht", ist angesichts der hier entwickelten Wertung in bezug auf den debitor cessus so wenig ein Argument wie bei der Zession, die insoweit ebenfalls „ins Leere" geht.

[283] *Esser* 346 f.; *Eike Schmidt*, JZ 1971, 607 r. Sp. (besonders dezidiert); *Köndgen* 67; *Reeb* 27 f.

des C eine Kondiktion des A gegen C befürwortet[284]. Charakteristisch für diese Meinung ist genau das Gegenteil der *Esser*schen. Sie besagt nämlich, daß A nicht nur an C zahlt, sondern auch an C leistet, und daß er mit dieser Leistung den Zweck der Schuldtilgung im Verhältnis B-C verfolgt. Wird dieser Zweck verfehlt, weil B nicht schuldet, so hat A eine Leistungskondiktion gegen C. Während also *Esser* primär das Verhältnis A-B im Auge hat, steht für die h. M. das Verhältnis B-C im Vordergrund.

Wir dürfen uns weitere Details des Streitstands sparen[285]. *Essers* Konzept und das der Gegenmeinung liefern uns schon Material, das wir für die Entwicklung der eigenen Auffassung verwenden können. Maßgebend erscheint uns dabei die Aufgabe, die tatbestandlichen Voraussetzungen des § 267 BGB exakt zu bestimmen. Insoweit lassen sich in einem ersten Schritt die kontroversen Ansichten gewissermaßen als (noch erkennbare) Bruchstücke eines ursprünglichen Ganzen wieder aneinanderfügen. Mit der Zahlung an C, die natürlich eine Leistung ist (die Leistung überhaupt), intendiert A nicht nur einen Leistungszweck (eine Rechtsfolge) im Verhältnis A-B[286], sondern auch einen Leistungszweck (eine Rechtsfolge) im Verhältnis B-C, wenn man will: im Namen des B[287]. Es ist das der Drittleistung gemäß § 267 BGB im Unterschied zur Anweisung Eigentümliche, daß der spontan, aus eigenem Antrieb[288]

---

[284] Statt aller *Koppensteiner / Kramer* 56 (mit weit. Hinweisen) und *Larenz* 481.

[285] Die Meinungen sind (verständlicherweise) nicht so eindeutig wie im Text dargestellt. Nach *Reeb* zum Beispiel (27 f.) bestimmt A auch den Leistungszweck im Verhältnis B—C, nicht anders, wie *Reeb* meint, als in den Anweisungsfällen. *Beuthin* (JZ 1968, 323, 326 r. Sp.) tritt dafür ein, daß die auf das Verhältnis B—C bezogene Zweckbestimmung eine eigene Zwecksetzung im Leistungsverhältnis (!) A-C sei (vgl. auch *Larenz* 481 wie *Wilhelm* 135 Fußn. 248, 136 und 140 ff.). Das wird abgelehnt von *Koppensteiner / Kramer*, die folglich zwischen A und C nicht eine Leistungskondiktion für zutreffend erachten, sondern eine Kondiktion wegen Bereicherung in sonstiger Weise. So wohl auch *Canaris* 847 f. Nach *Medicus* Rdn. 685 ist die Frage eine solche der Definition. Hinzu kommt, daß bei etlichen Autoren in die Erörterung des § 267 BGB Überlegungen zur Anweisung einbezogen werden. *Canaris* 844 ff. mit (846 Fußn. 126) wiederum Kritik an *Beuthin* (JZ 1968, 326 l. Sp.), der beide Bereiche auseinanderhalten will. Siehe weiter *Lorenz*, JuS 1968, 441, 446. Diese Gemengelage scheint für die Lehre überhaupt eine Versuchung zu sein. Vgl. demgegenüber im folgenden.

[286] Anders als bei der Anweisung (oben bei Fußn. 60 und 174) ist diese Zwecksetzung positiv festzustellen, weil durch sie (und die Leistung an C) das Deckungsverhältnis erst konstituiert wird.

[287] Natürlich untechnisch. Vgl. Labeo Dig. 3, 5, 42: Cum pecuniam eius nomine solveres, qui tibi nihil mandaverat, negotiorum gestorum actio tibi competit, cum ea solutione debitor a creditore liberatus sit... Aus dieser Zwecksetzung folgt bei der auftraglosen Geschäftsführung der Geschäftsführungswille. Dazu jetzt *Chr. Wollschläger*, Die Geschäftsführung ohne Auftrag, 1976, S. 77, 99, 321. Vgl. ferner BGHZ 46, 319, 325.

[288] Daß dies ein Charakteristikum der Leistung gemäß § 267 BGB ist, ist allgemein anerkannt.

an C leistende (Dritte) A mit seinem eigenen Leistungszweck gegenüber B auch — stellvertretend — den Leistungszweck verbindet, den bei (und in) der Anweisung B gegenüber C verfolgt[289]. Doch ist nicht schon mit dieser Konstellation die Wertung der Anweisungslage gegeben. Wir haben gesehen, welche Rolle das rechtsgeschäftliche Element der Weisung des B für die anweisungsmäßige Zurechnung spielt[290]. Die Frage ist also, ob sich für diese Zurechnungsvoraussetzung, die bei der Leistung gemäß § 267 BGB offensichtlich nicht vorliegt, ein Äquivalent finden läßt. Meines Erachtens ist das der Fall: in der Anordnung des Gesetzes, daß auch ein Dritter die Leistung bewirken kann, wenn „der Schuldner nicht in Person zu leisten hat". Wohlgemerkt: der Schuldner. Gibt es keinen Schuldner, weil eine Forderung des C gegen B nicht besteht, dann gibt es begreiflicherweise keine Substitution der Weisung des B durch die in § 267 BGB zum Ausdruck gebrachte Wertung des Gesetzgebers, daß der Schuldner nicht darauf bauen kann, seinen alten Gläubiger zu behalten. Aus einem Pseudoschuldner wird durch die Zahlung des Dritten kein wirklicher Schuldner[291].

Halten wir als den für die Anwendung des § 267 BGB maßgeblichen Tatbestand fest: Leistung des (Dritten) A an C, Verfolgen eines Leistungszwecks durch A sowohl im Hinblick auf das Verhältnis A-B wie im Hinblick auf das Verhältnis B-C, Existenz der Forderung des C. Diese Voraussetzungen rechtfertigen die Wertung: *als habe A an B gezahlt und B an C*. Wenn man will, so kann man hier von einer „Anweisungslage kraft Gesetzes" sprechen. In jedem Fall ist klar, daß im Verhältnis A-B Rechtsfolgen gelten, deren Gegenstand sich nicht nach der Schuldbefreiung des B richtet, sondern nach dem Gegenstand der von A an C erbrachten Leistung[292].

Umgekehrt: Fehlt es daran, daß A (auch) in bezug auf das Verhältnis B-C einen Leistungszweck verfolgt hat, so greift die Regelung des § 267 BGB nicht ein[293]. A muß dann seine Leistung von C kondizieren, im

---

[289] Unrichtig deshalb *Reeb* (oben Fuß. 285). Bei der Anweisung ist A die Rechtsbeziehung B—C gleichgültig, zudem in der Regel verborgen. Vgl. auch noch unten Fußn. 293. Entgegen *Canaris* (oben Fußn. 285 am Ende) scheidet also § 267 BGB aus, wenn B die Zahlung des A „veranlaßt" hat; dann nimmt B selbst die Verfolgung des Leistungszwecks gegenüber C wahr: Anweisung. Die Veranlassung durch B in die Regelung des § 267 BGB einzubeziehen, ohne daß daraus andere als anweisungsmäßige Rechtsfolgen resultieren (siehe *Canaris* selbst, 846), dient nur der Konfusion. Vgl. auch *v. Caemmerer*, Bereicherungsansprüche S. 386 (325).

[290] Oben VI 3.

[291] Vgl. auch *Wollschläger* (oben Fußn. 287) 89 ff., 321.

[292] Einzelheiten oben III 2 und 3. Wertungsmäßig korrekt verschafft also A, der B von seiner Schuld befreit, B nicht die Schuldbefreiung, sondern den dafür aufgewendeten Betrag. Das wird durchweg verkannt, siehe zumal *Wilhelm* 135 Fußn. 248, 136, 140 ff.

[293] Wenn man die Zwecksetzung durch A anstelle von B als Erfordernis

Wege der Leistungskondiktion, wie sich (auch hier) von selbst ergibt. Ebenso verhält es sich, wenn A zwar einen Leistungszweck im Verhältnis B-C setzt, B aber gar nicht Schuldner des C ist[294].

Ein besonderes Wort verlangt noch die Rechtsfolge im Verhältnis A-B (wenn also der Tatbestand für die Anwendung des § 267 BGB gegeben ist). Als Leistungszwecke kommen hier zumal Schenkung und Geschäftsführung ohne Auftrag in Betracht[295]. Bei der Geschäftsführung ohne Auftrag scheint sich ein Problem zu ergeben, wenn A aus eigenem Interesse und gegen den Willen des B dessen Schuld bei C bezahlt[296]. Da gemeinhin angenommen wird, die Geschäftsführung ohne Auftrag sei ihrer Grundkonzeption nach Normierung uneigennütziger Hilfeleistung[297], so wäre die Regreßregelung gemäß §§ 684, 812 BGB als Rechtsgrundverweisung anzusehen. Insoweit stellt sich für die h. L. die Frage[298], ob die Kondiktion gegen B eine Leistungskondiktion ist (Kann die negotiorum gestio als Zwecksetzung überhaupt dienen, wenn A den entgegenstehenden Willen des B kennt oder von ihm ausgehen muß?) oder eine Kondiktion wegen Bereicherung in sonstiger Weise (was ein besonderes Kriterium erforderlich machen würde, da ein Eingriff in eine fremde Rechtssphäre nicht vorliegt). Wir weisen indes die

---

des § 267 BGB nicht erkennt, dann besteht fast unvermeidlich die Gefahr, daß Anweisungslage und § 267 BGB heillos durcheinanderlaufen, da man bei fehlender oder fehlerhafter Weisung das anweisungsmäßige Ergebnis kurzerhand über § 267 BGB begründet sieht. Damit werden die Voraussetzungen der Anweisungsregelung, für welche auch kennzeichnend ist, daß A im Verhältnis B—C keinen Zweck verfolgt (oben Fußn. 289), gleich auf zweifache Weise unterlaufen. Wir verstehen jetzt vollends, warum beispielsweise in *Essers* Darstellung der Anweisungslage (345 f.) die Bedeutung der Weisung völlig im Ungewissen bleibt und warum umgekehrt *Esser* bei § 267 BGB die Anweisungslage auch dann für gegeben sieht, wenn die Forderung des C nicht besteht. Oben bei Fußn. 283.

[294] Wollte A schenken, so mag er die Kondiktion gegen C an B abtreten. Dies einerseits gegen *Eike Schmidt*, JZ 1971, 601, 607 r. Sp., andererseits gegen *Wilhelm* 142. Daß der Pseudoschuldner B die Zahlung des A soll genehmigen können, wie *Wollschläger* (oben Fußn. 287) 92 meint, scheint mir verfehlt zu sein. *Wollschläger* setzt die Regelung der Geschäftsführung ohne Auftrag voraus (vgl. § 684 BGB), welches Institut bei fehlender Forderung des C von vornherein ausscheidet (auch im Sinne *Wollschlägers*, dazu noch im folgenden). Nur am Rande sei hier auf die Kritik eingegangen, die *Köndgen*, JZ 1976, 483, 484 f. an BGH JZ 1976, 479 unter dem Gesichtspunkt des § 267 BGB übt. Die Ausführungen *Köndgens* leiden an einer doppelten Schwäche: 1., weil eine Forderung des C gegen B nicht bestand; 2., weil eine Leistung von A an C nicht gegeben war (dazu wäre eine Verrechnung der Regreßforderung des A gegen C mit der „Schuld" des B erforderlich gewesen).

[295] Auch datio ob rem. Vgl. *Esser* 346.

[296] Beispiel: A, Gläubiger des B, läßt bei B eine unter Eigentumsvorbehalt gekaufte Sache pfänden und zahlt an den Vorbehaltsverkäufer C den Restkaufpreis, um die Zwangsvollstreckung durchzuführen. Siehe etwa *Reeb* 81, 83 ff.

[297] Belege bei *Wollschläger* (oben Fußn. 287) 24 f.

[298] Zum Folgenden *Koppensteiner / Kramer* 113 f.

Frage als ein Scheinproblem auf, wenn wir neuesten Untersuchungen zur Geschäftsführung ohne Auftrag folgen, die einsichtig gemacht haben, daß die Anschauung dieses Instituts durch den Gesetzgeber nicht die derzeit herrschende ist und dies auch vernünftigerweise nicht ist[299]. Erkennen wir mit *Christian Wollschläger*, daß das gesetzliche Schuldverhältnis der Geschäftsführung ohne Auftrag „mit der Übernahme eines fremden Geschäfts mit Geschäftsführungswillen (entsteht), mag sie dem Interesse und Willen des Geschäftsherrn entsprechen oder nicht"[300], dann hat im Beispielsfall A einen anerkannten Leistungszweck gegenüber B nicht nur verfolgt, sondern auch erreicht, so daß der Regreß gemäß §§ 684, 812 BGB ein solcher aus Geschäftsführung ohne Auftrag ist (Rechtsfolgenverweisung)[301]. Damit scheint einer besonderen Kategorie „Rückgriffskondiktion" auch das letzte Wasser abgegraben zu sein.

Auf die Vorschrift des § 268 BGB brauchen wir abschließend nur deklaratorisch einzugehen. Es ist nach allem einsichtig, daß sich mit dem Recht des A auf Leistung an C an der Wertung gemäß der „gesetzlichen Anweisungslage" nichts ändert. A leistet an C „für" den Schuldner B. Die Legalzession nach Abs. 3 wiederum ist nur Ausdruck des andererseits von A gegenüber B verfolgten Leistungszwecks. Wenn B nicht schuldete, hat A gegen C eine Leistungskondiktion. Dazu bedarf es nicht der gekünstelten Annahme eines eigenen Leistungszwecks im Verhältnis A-C[302].

b) Bürgschaft und Garantievertrag

Es mag überraschen, daß wir an dieser Stelle auf die Bürgschaft zu sprechen kommen. Zahlt (der Bürge) A an (den Gläubiger) C, so zahlt er nicht auf die Schuld des (Hauptschuldners) B, sondern auf eigene Schuld. Doch läßt sich ein (zumal für das Folgende fruchtbarer) Zusammenhang mit den Überlegungen zu § 267 BGB aufzeigen[303]. Dort ist versucht worden, plausibel zu machen, daß die Leistung von A an C im Verhältnis A-B bzw. B-C Rechtsfolgen auslöst, die u. a. auf der Regelung des Gesetzes beruhen, daß auch ein Dritter die Leistung des Schuldners bewirken kann. Insoweit können wir von einer Zurechnung kraft Gesetzes sprechen. Diese Zurechnung, so haben wir gesehen, greift aber nur ein, wenn B Schuldner des C ist.

---

[299] *Wollschläger* (oben Fußn. 287) passim.
[300] *Wollschläger* 319 (Ergebnisse).
[301] § 814 BGB kommt für diesen Anspruch von vornherein nicht in Betracht. *Wollschläger* 88 f., 208 ff. Die h. L. schlägt sich hier mit einem Problem herum. Vgl. *Reeb* 83 f., aber auch *Koppensteiner / Kramer* 59.
[302] Siehe demgegenüber nur *Koppensteiner / Kramer* 59.
[303] Vgl. auch *v. Caemmerer*, Bereicherungsansprüche S. 386 (325).

Bei der Bürgschaft besteht eine vergleichbare Lage, hier allerdings auf der rechtsgeschäftlichen Basis des Bürgschaftsvertrages. An die Zahlung des (Bürgen) A knüpfen sich (auch) im Verhältnis A-B und B-C Rechtsfolgen. Wegen der Akzessorietät der Bürgschaft kommt es zu dieser Rechtsfolgenerstreckung aber nur dann, wenn die Schuld des B besteht. Ist das nicht der Fall, so kann A seine an C erbrachte Leistung von diesem kondizieren[304].

Beim Garantievertrag[305] verhält es sich augenscheinlich anders. Mangels Akzessorietät der Verpflichtung des A bleibt es bei der Zurechnung von A zu B und von B zu C auch dann, wenn eine Forderung des C gegen B nicht existiert. A kann von C nicht kondizieren[306].

c) *Finanzierter Abzahlungskauf (sog. B-Geschäft)*

Zur Einführung in diese Frage[307] knüpfen wir am besten an ein Beispiel aus dem Bürgschaftsrecht an:

C hat eine Forderung in Höhe von 1500 DM gegen B. Auf diese Forderung hat B eine Anzahlung von 300 DM geleistet. Für die restlichen 1200 DM hat A sich selbstschuldnerisch verbürgt. Gleichzeitig hat B sich gegenüber A verpflichtet, für den Regreßfall monatlich 100 DM an A zu zahlen. Da keine weitere Zahlung des B erfolgt, belangt C den Bürgen A. A zahlt. Auf Regreß in Anspruch genommen, hat B bisher 200 DM an A gezahlt. Jetzt stellt sich heraus, daß die Forderung des C gegen B nicht bestand.

Nach dem soeben zur Bürgschaft Gesagten, kann A von C 1200 DM kondizieren. Da weiterhin B nicht regreßpflichtig war, kann er von A die gezahlten 200 DM zurückverlangen. Man wird freilich bezweifeln müssen, daß A auch insoweit das Risiko der Insolvenz des C tragen soll, und ihm deshalb gestatten, sich von der Schuld durch Zession seiner Forderung gegen C in Höhe von 200 DM zu befreien.

---

[304] Herrschende Meinung. Belege bei *Canaris* 837 Fußn. 98 a. Zu erwarten ist der Hinweis, daß das Ergebnis schon aus der Zahlung eines indebitum seitens des Bürgen folgt. Die formale Lage ist aber nicht immer ein sicheres Indiz (siehe oben VI 7). In unserem Fall wird sie allerdings von *Canaris* (836) zu Unrecht in Frage gestellt. Gegen *Canaris* mit Recht auch *Köndgen* 67.

[305] Wir denken hier vor allem an die Bankgarantie. Dazu etwa *Canaris*, Bankvertragsrecht, 1975, Das Garantiegeschäft, Rdn. 502 ff., insbes. 505, 514 (Abgrenzung zur — akzessorischen — Bürgschaft).

[306] Im Ergebnis ebenso *Canaris* Rdn. 525. *Canaris* begründet die Entscheidung nicht aus dem Gedanken der (fehlenden) Akzessorietät, sondern damit, „daß der Kondiktionsausgleich grundsätzlich zwischen den Parteien des fehlerhaften Leistungsverhältnisses stattfindet". Das sticht nicht und hat *Canaris* bei der Bürgschaft in die Irre geführt. Siehe soeben Fußn. 304.

[307] Allgemein zum B-Geschäft etwa *Larenz* 397 ff. und (eingehender) *Canaris*, Bankvertragsrecht cit., Das Teilzahlungskredtigeschäft, Rdn. 683 ff.

8. Leistung auf fremde Schuld

Was hat dieser Fall mit dem B-Geschäft zu tun? Wir brauchen den Parteien nur andere Funktionen zuzuweisen, um das zu erkennen: A (F) die Funktion des Finanzierungsinstituts, B (K) die des Käufers und Darlehensnehmers, C (V) die des Verkäufers. Dann reflektiert der Beispielsfall die Situation, die entsteht, wenn B (K) nach Zahlung von zwei Raten den Kaufvertrag (etwa wegen arglistiger Täuschung) angefochten hat.

Mir scheint, daß der Wertungsgehalt dieser Lage am besten von der Bürgschaft her erfaßt werden kann. Bekanntlich steht man beim B-Geschäft vor der Frage, wie dem engen wirtschaftlichen Zusammenhang, der zwischen Darlehensvertrag und Kaufvertrag besteht, im Hinblick auf spezifischen Käuferschutz (den wir hier als berechtigt voraussetzen[308]) dogmatisch angemessen Rechnung zu tragen ist[309]. Die Frage wird u. a. akut, wenn der Kaufvertrag nichtig ist (oder wegen Wandelung oder Rücktritt dahinfällt). Insoweit bemüht man sich, damit B (K) gegenüber A (F) ebenfalls Schutz genießt, durchweg darum, auch die Nichtigkeit des Darlehens plausibel zu machen[310], was bei zwei rechtlich getrennten Geschäften (so die h. L.) kein einfaches Unterfangen ist[311]. Hier bereits zeigt sich der Vorteil unseres Standpunkts. Indem wir die Auszahlung des Darlehens an C (V) wertungsmäßig als Realisierung einer (selbstschuldnerischen) Bürgschaft qualifizieren und den Darlehensvertrag zwischen A (F) und B (K) als Rückgriffsvereinbarung, ergibt sich: Bei Nichtigkeit des Kaufvertrags bzw. der zu sichernden Forderung folgt aus dem Sinn und Zweck der vertraglichen Beziehungen zwischen A (F) und B (K), daß B (K) keine (Regreß-)Zahlungen mehr zu erbringen hat und erbrachte zurückfordern bzw. insoweit mindestens Zession verlangen darf (siehe oben). Der Vorschlag einer an der Bürgschaft orientierten Apperzeption kann also auf die Kategorie der Nichtigkeit gemäß § 139 BGB verzichten[312].

---

[308] Zur Wertungsfrage *Gilles*, JZ 1975, 303, 310 ff. Ferner *Larenz*, Festschrift Michaelis, 1972, S. 193, 199 ff.; *Th. Raiser*, RabelsZ 33, 1969, S. 457, 468 ff.

[309] Überblick über die Lösungsversuche bei *Gilles* 310 Fußn. 64. Vgl. ferner 308 l. Sp., 312 r. Sp., zum dogmatischen Problem als solchem. Dazu vor allem auch *Gernhuber*, Festschrift Larenz, 1973, S. 453, 459, 462, 463 f., 483. Das Problem wird mit Recht als Herausforderung an die Leistungsfähigkeit der Dogmatik empfunden, also an das Vermögen, Wertungen sachgerecht in Begriffe zu fassen.

[310] Im Rahmen des sog. Einwendungsdurchgriffs.

[311] Dazu nur *Larenz*, Festschrift Michaelis S. 203 ff.; *Gernhuber*, Festschrift Larenz S. 466 ff., 476 ff.

[312] Die von *Gernhuber*, Festschrift Larenz cit. passim entwickelte Figur des „rechtsgeschäftlichen Verbunds" wäre also schlicht die der Akzessorietät, die es zu erkennen und sachgerecht zu handhaben gilt. Der Vorwurf, das Gesetz kenne nur isolierte, zwischen *einem* Gläubiger und *einem* Schuldner bestehende Schuldbeziehungen (*Larenz* 404; *Gilles*, JZ 1975, 308 l. Sp., beide im Anschluß an *Gernhuber*, Festschrift Larenz S. 455 f.), trifft meines Erachtens nicht. Unzutreffend (und überdies unnötig komplizierend) ist von unserem

VI. Einzelfragen

Unser Vorschlag bewährt sich auch im übrigen. Herkömmlich gesehen stellt sich die weitere Frage, in welcher Weise B (K) gegen die Kondiktion des A (F) auf Rückzahlung des Darlehens einwenden kann, C (V) habe ihm den Kaufpreis noch nicht zurückgezahlt. Für uns besteht dieses Problem nicht. A (F) hat, das bedarf keiner besonderen Erklärung mehr, eine Kondiktion gegen C (V), im Beispiel auf 1200 DM abzüglich der an B (K) abzutretenden 200 DM; denn auch B (K) trägt angemessenerweise für seinen finanziellen Aufwand das Risiko der Insolvenz des C (V)[313]. Doch bleiben wir dabei nicht stehen. Da C (V) die Zahlung des A (F) auf den Kaufpreis empfangen hat, kann er die Rückzahlung füglich von der Rückübereignung der Kaufsache, deren Sicherungseigentümer A (F) ist, abhängig machen, beschränkt allerdings auf die Einräumung von Miteigentum zu einem dem Betrag von 1000 DM auf 1200 DM entsprechenden Anteil. Der andere Anteil geht zur Sicherung an B (K) als Zessionar[314]. Ist C (V) insolvent, dann sichert die Kaufsache die Forderung des A (F) in Höhe von 1000 DM, die des B (K) in Höhe von 200 DM. Die Anzahlung des B (K) von 300 DM ist ungesicherte Konkursforderung. Alles in allem halten wir das für eine begrifflich saubere Lösung mit gerechten Ergebnissen[315].

Wem das Konzept zu simpel erscheint[316], der mag einen Blick auf herkömmliche Lösungsversuche werfen. Für diese ist die Rückabwicklung „übers Dreieck" kennzeichnend (was unserer Meinung nach schon der Grundfehler ist). Einmal in der (diesmal auch von *Canaris* gebilligten) Weise *Essers,* daß A (F) von B (K) nicht die an C (V) gezahlte Darlehenssumme, sondern nur die Kondiktion, die B (K) gegen C (V) zusteht, kondizieren kann, womit B (K) die Sorge genommen wäre, an A (F) zahlen zu müssen, ohne von C (V) Zahlung erhalten zu haben[317].

Standpunkt aus die Ansicht *Canaris'* (oben Fußn. 307) Rdn. 720 f., B (K) könne Rückzahlung der gezahlten Raten nur aufgrund von culpa in contrahendo verlangen. Im Ansatz wie hier dagegen *Larenz,* Festschrift Michaelis S. 205.

[313] Auch *Gernhuber,* Festschrift Larenz S. 475, 480 befürwortet eine Kondiktion des A (F) gegen C (V), bleibt aber in traditionellen, nicht sachgerechten Ausgleichsschemata befangen.

[314] B (K) kann ihn (mit der Abtretung) von A (F) verlangen. Auch das folgt aus naheliegenden Grundsätzen. Vgl. § 401 BGB.

[315] Zum Schicksal der Kaufsache siehe auch *Canaris* (oben Fußn. 307) Rdn. 725. Nicht nur der hochkomplizierte Weg, den *Canaris* einschlägt (einschlagen muß), stimmt bedenklich. Auch das (vielleicht nicht zwingende) Ergebnis, daß B (K) in bezug auf seine Anzahlung ebenfalls Sicherung durch Miteigentum erhalten soll. Dazu noch im folgenden.

[316] Artifiziell (so das Urteil *Gilles'* über bisher angebotene Lösungen, JZ 1975, 310 l. Sp. mit Fußn. 64) wird man es schwerlich nennen können. Siehe zu *Gilles* im übrigen noch im folgenden.

[317] *Esser,* Festschrift Kern, 1968, S. 87, 109 f., 111; *Canaris* 839 f. und Bankvertragsrecht (oben Fußn. 307) Rdn. 722 f. Ebenso jetzt *Esser / Weyers,* Schuldrecht II 1, 5. Aufl. 1977, S. 116 ff.

8. Leistung auf fremde Schuld

Dieser Weg ist aus den bekannten Gründen nicht gangbar[318]. Auch *Larenz* teilt (im Ergebnis) *Essers* Auffassung nicht. Nach *Larenz* kann A (F) von B (K) die Darlehenssumme kondizieren[319]. Und wie berücksichtigt *Larenz* das Interesse des B (K), seine Zahlung von der des C (V) abhängig zu machen? *Larenz*[320] will hier mit § 273 BGB helfen, wobei er folgerichtig beachtet, daß weder A (F) bereit ist, sein Sicherungseigentum ohne zuvor erhaltene Zahlung von B (K) aufzugeben, noch C (V) daran denkt, an B (K) ohne Rückübereignung zu zahlen[321]. *Larenz* verkennt nicht die eigentümlichen Schwierigkeiten, die hier entstehen: „Verlangt K von V Zahlung, so kann V einwenden, daß er nur gegen Rückgabe und Rückübereignung der Sache zu zahlen brauche. Zur Rückübereignung ist K nur in der Lage, wenn F das Sicherungseigentum zurückerstattet. F aber braucht das Sicherungseigentum nur zurückzuerstatten, wenn er wegen seiner Forderung von K befriedigt wird." Ergänzen wir, daß B (K) an A (F) nur zu zahlen braucht, wenn er seinerseits Zahlung von C (V) bekommt, dann ist der Zirkel perfekt. *Larenz* sucht auf folgende Weise aus ihm herauszufinden: C (V) soll berechtigt sein, für Rechnung des B (K) an A (F) zu zahlen. A (F), der „hiernach nichts mehr von K zu fordern hat, hat ihm nun das Sicherungseigentum (durch einfache Einigung gemäß § 929, Satz 2) zurückzuerstatten, und K kann danach, Zug um Zug gegen Rückgabe und Übereignung der Sache, von V Befriedigung wegen seiner restlichen Kondiktionsforderung verlangen"[322]. Damit, meine ich, steht das Ganze auf dem Kopf. B (K) ist mit Alleineigentum nicht nur übermäßig gesichert (im Beispiel wegen einer Forderung von 500 DM), was seinen Gläubigern einen ungerechtfertigten Vorteil verschafft. Auch die Sicherung der Anzahlung (im Beispiel 300 DM) gebührt ihm nicht.

---

[318] Vgl. oben II 1, III 2 und 3. Hinzu kommen die Schwierigkeiten im Hinblick auf das Schicksal der Kaufsache. Oben Fußn. 315.

[319] *Larenz*, Festschrift Michaelis S. 205, 207. Wie *Larenz* auch *Reiss*, Die Rechtsstellung des Kreditgebers gegenüber dem Abzahlungskäufer, 1970, S. 58 f. Beachtlich der in diesem Zusammenhang von *Reiss* unternommene Versuch, die Bereicherung des B (K) einer wirksamen Darlehensauszahlung entsprechend zu begründen, was nicht in unserem Fall, wohl aber bei der Anweisung ein Schritt in die richtige Richtung ist. *Reiss* irrt indes (wie *Wilhelm* passim) darin, daß er von empfangenem bzw. erlangtem „Wertzuwachs" spricht. Unberechtigt aber die Kritik an *Reiss* bei *Canaris*, Bankvertragsrecht (oben Fußn. 307) Rdn. 723. Siehe oben Fußn. 59.

[320] Festschrift Michaelis S. 206 und passim; 11. Aufl. S. 404.

[321] Zum Folgenden *Larenz*, Festschrift Michaelis S. 206 f.

[322] *Larenz* (206) meint, tatsächlich werde sich die Abwicklung so vollziehen, da A (F) sich an C (V) halten, das heißt den noch ausstehenden Betrag von dessen bei ihm — A (F) — geführten „Sperrkonto" abbuchen, mithin aufrechnen werde. Diesem Faktum entspricht ungleich besser die hier vorgeschlagene Kondiktion des A (F) gegen C (V). Man fragt sich auch, wie die von *Larenz* aufgezeigte Statik der Konstellation durchbrochen werden soll, wenn es A (F) an der Möglichkeit zur Aufrechnung fehlt und C (V) nicht zu zahlen bereit ist. Zur sicherungsrechtlichen Seite vgl. sofort im Text.

Eine bessere Behandlung, als sie beim normalen Ratenkauf dem Käufer widerfährt, steht B (K) nur zu, soweit er in die Position des A (F) einrückt. Nur in bezug auf A (F) hat sich sicherungsmäßig ein Frontwechsel vollzogen.

Man wird *Larenz'* „Fortbildung der Dogmatik" schwerlich zubilligen können, daß sie das B-Geschäft in seiner „rechtlichen Besonderheit adäquat" erfaßt[323]. Im Gegenteil, *Larenz'* Vorschlag exemplifiziert erkennbar die Gefahr von angreifbaren Entscheidungen, wenn das dogmatische Konzept nicht stimmt, wenn, wie wir es auch formuliert haben, die Ausgangslage in ihrem Wertungsgehalt nicht auf den angemessenen juristischen Nenner gebracht worden ist[324]. Andererseits ist es freilich erst recht nicht damit getan, im Anschluß an das (zutreffend) außerjuristisch gefundene Gebot des Käuferschutzes die Rechtsprechung „zu einem couragierten Akt bewußter *richterlicher Rechtsneubildung* allein aufgrund der getroffenen Risikoabwägung" aufzurufen[325] oder dazu, Entscheidungen „unmittelbar aus dem Funktionszusammenhang des Wirtschaftslebens abzuleiten", damit „der ökonomische Funktionsmechanismus selbst zum Richtmaß der Rechtsneubildung, zur selbständigen Rechtsquelle" werde[326]. Mit solchen, eine unreflektierte Vorstellung von der „normbildenden Kraft des Faktischen" verratenden Formulierungen[327] weicht man der Frage aus, was denn nun aus dem Käuferschutz konkret folgt. Muß A (F) den Kaufpreis von C (V) kondizieren? Oder kann das B (K) von C (V)? Und dann A (F) von B (K)? Kann B (K) die gezahlten Raten von A (F) zurückverlangen oder von C (V)? Was ist mit dem Schicksal der Kaufsache? Gerade der Richter benötigt um der gerechten Entscheidung willen (prinzipiell) ein adäquates dogmatisches Gesamtkonzept, also eine begriffliche Anschauung des in Frage stehenden Wertungszusammenhangs im ganzen, die ihn in die Lage versetzt, Einzelprobleme sachgerecht zu lösen. Die Rede von der „allenfalls" darstellenden Funktion der Dogmatik[328], die ein Erbteil der Interessenjurisprudenz ist, scheint nicht wahrgenommen zu haben, daß eben diese Jurisprudenz allergrößte Aufmerksamkeit dem normativen (und zwar nicht nur normativ-gesetzlichen) Begriff gewidmet hat, der gerade nicht der Darstellung dient[329]. Die Rechtswissenschaft würde im

---
[323] Vgl. *Larenz*, Festschrift Michaelis S. 213. Kritisch zu *Larenz* (insbes. zur Anwendung der §§ 273, 274 BGB) auch *Gernhuber*, Festschrift Larenz S. 465, 482.
[324] Oben II 1.
[325] *Gilles*, JZ 1975, 312 r. Sp.
[326] *Th. Raiser*, RabelsZ 33, 1969, S. 437, 474.
[327] *Gilles* 312 r. Sp.
[328] *Gilles* 310 r. Sp.
[329] Das ist — von der Fragwürdigkeit einer solchen Trennung einmal abgesehen — vielmehr Aufgabe des wissenschaftlichen Begriffs. Vgl. zum Problem konkret (Vormerkung) etwa *Kupisch*, JZ 1977, 486, 489 f.

9. Bereicherung durch Leistung oder in sonstiger Weise?

a) § 185 Abs. 1 BGB

A hat B ermächtigt, im eigenen Namen über eine Sache des A kaufweise zu verfügen. B verkauft demgemäß die Sache (wirksam) an C und vollzieht mit ihm das Übereignungsgeschäft. Ist C auf Kosten des A bereichert? Immerhin fehlt es zwischen A und C an einem Rechtsgrund.

Die Frage ist nicht so absurd, wie es den Anschein hat, und für das Folgende von maßgeblicher Bedeutung. Der oben[331] entwickelten Maxime entsprechend gehen wir bei der bereicherungsrechtlichen Prüfung davon aus, daß sich zwischen A und C eine Rechtsveränderung vollzogen hat: C hat „in sonstiger Weise" das Eigentum des A erlangt. Die weitere Frage ist, ob C das Eigentum des A „auf Kosten" des A erlangt hat. Diese Frage ist — wohlgemerkt: bereicherungsrechtlich — zu verneinen. Der Fall liegt wegen der Ermächtigung wertungsmäßig nicht anders als der Fall, in dem A das Eigentum auf B und dieser es auf C überträgt. Dann fehlt es schon faktisch an einem Eigentumsübergang von A auf C. Im Drei-Personen-Verhältnis hat das Tatbestandsmerkmal „auf Kosten" die wichtige Funktion, diesem Wertungszusammenhang Rechnung zu tragen[332].

Variieren wir das Beispiel: Der Kaufvertrag B-C ist nichtig. An der bereicherungsrechtlichen Einschätzung der Beziehung A-C ändert sich dadurch nichts. C hat das Eigentum des A auch in diesem Fall nicht auf Kosten des A erlangt[333]. Dagegen ist jetzt das Verhältnis B-C bereicherungsrechtlich relevant, und zwar eben in dem Sinn, daß es so zu beurteilen ist, als habe C das Eigentum von B erlangt und damit auf dessen Kosten. Auch hier ist wieder zu beachten: B hat gegen C nicht tatbestandsmäßig (tatsächlich hat C das Eigentum nicht auf Kosten des B erlangt), wohl aber wertungsmäßig eine Kondiktion, und zwar eine Leistungskondiktion. Wir können ebensogut sagen, daß die Vorschrift des § 812 Abs. 1 BGB analog Anwendung findet[334]. Die h. L., der die ana-

---

[330] Wenn schon vom Gesetzgeber keine Hilfe zu erwarten ist, was aber beim derzeitigen Stand der Gesetzgebungskunst (vgl. nur die angelsächsichen Lösungen bei *Raiser* 460 ff., 462 ff.) eher ein Vorteil sein dürfte.
[331] Siehe zumal V 6.
[332] Dazu oben bei Fußn. 66 und V 1.
[333] Anders die (wohl) herrschende Meinung. Siehe etwa *Larenz* 477; *Koppensteiner / Kramer* 31.

logen Zusammenhänge (nicht nur hier) verborgen sind, sucht tatbestandsmäßig eine Leistungskondiktion von B gegen C zu begründen — mittels eines das Gesetz amputierenden Leistungsbegriffs, in dem das Merkmal „auf Kosten" fehlt[335].

Unser Ergebnis zeigt zweierlei. Einmal die absolute Inkompetenz des herrschenden Leistungsbegriffs auch im vorstehenden Zusammenhang und den Widersinn des sog. Subsidiaritätsprinzips. Dieses Prinzip impliziert, daß an sich auch die Voraussetzungen einer „Eingriffskondiktion" von A gegen C gegeben sind[336]. Das ist in zutreffender Sicht gar nicht der Fall. Die bereicherungsrechtliche Würdigung des Sachverhalts führt zu dem einzigen Ergebnis, daß B *wertungsmäßig* eine Leistungskondiktion gegen C hat, nicht aufgrund eines verstümmelten Leistungsbegriffs, mit dem die Auswegslosigkeit eines künstlichen (Konkurrenz-) Problems vorprogrammiert wird[337].

Zweitens: Insoweit die Kondiktion des B gegen C auf der Wertung von Fakten beruht, die nicht wie bei der Anweisung eine selbständige Substanzverschaffung von A an B (wie z. B. Kauf) zum Gegenstand haben, sondern (nur) die Verfügungsermächtigung, ist wertungsmäßig folgerichtig vorgegeben, daß die Rückübereignung von C an B wieder zum Eigentumserwerb des A führen muß. Das ist sozusagen die Kehrseite der mit § 185 Abs. 1 BGB zugelassenen Möglichkeit, Eigentum ohne Hinzutreten des Eigentümers rechtsgeschäftlich zu erwerben[338].

Variieren wir das Beispiel weiter dahin, daß A die B erteilte Verfügungsmacht zwischenzeitlich widerrufen hat[339]. Diese Veränderung der Sachlage rechtfertigt nicht mehr die Beurteilung: als habe A an B und B an C übereignet. Demnach hat jetzt A gegen C eine Kondiktion wegen Bereicherung in sonstiger Weise: C hat das Eigentum des A auf Kosten des A und ohne rechtlichen Grund (der jetzt zwischen A und C

---

[335] Statt aller *Larenz* 477.
[336] Siehe nur H. P. *Westermann*, JuS 1972, 18, 22 l. Sp.
[337] Damit existiert für uns auch das Problem der Einreden, die C gegen B zustehen, von vornherein nicht. Siehe dagegen wieder nur *Larenz* 477.
[338] Die Figur des „Geschäfts für den, den es angeht" (*Larenz* 477) scheint mir deswegen nicht erforderlich zu sein. Die Rechtsfolge des Übereignungsgeschäfts von C an B ist aus den im Text genannten Wertungsgesichtspunkten der Eigentumserwerb des A. War das Übereignungsgeschäft von B an C mangelhaft, dann stellt sich das Problem nicht. Es bleibt aber bei der Kondiktion des B. Das übersieht *Canaris* 851. Anders dagegen, wenn A Herausgabe an sich verlangt, worin der Widerruf der B erteilten Verfügungsmacht zu sehen ist. Dazu sofort im Text.
[339] Hat A die Ermächtigung vor der Verfügung des B widerrufen, so beurteilt sich die Rechtslage zwischen A und C nach den Vorschriften über den gutgläubigen Erwerb. Dazu alsbald unter VI 9 b.

bestehen müßte) erlangt. Allerdings ist hier zu berücksichtigen, daß C das Eigentum des A auf spezifischem, durch A veranlaßten Weg über B bekommen hat. Das muß sich A bei der Rückabwicklung entgegenhalten lassen. Mit anderen Worten: C kann die ihm gegen B zustehenden Einreden auch A gegenüber geltend machen.

b) §§ 932, 816 Abs. 1 BGB

Verfügt B (kaufweise) als Nichtberechtigter und ist C gutgläubig[340], dann haben wir im Ergebnis teilweise die gleiche rechtliche Beurteilung wie im Fall des § 185 BGB. Im Ergebnis, nicht in der Begründung. Denn hier sind keine Daten gegeben, die es rechtfertigen, die Lage so anzusehen, als habe A an B übereignet und B an C. Die die Kondiktion des A gegen C ausschließende Wertung, daß C das Eigentum des A nicht auf Kosten des A erlangt hat[341], beruht vielmehr auf der gesetzlich vorgesehenen Möglichkeit des gutgläubigen Erwerbs[342]. Diese Wertung ist anders als bei § 185 BGB nicht an dem Veräußerungswillen des A orientiert, der sich über B realisiert[343].

Das hat Auswirkungen für den Fall, daß das Kausalverhältnis B-C nichtig ist. Dann kann A von C (wegen Bereicherung in sonstiger Weise) kondizieren[344]. Die in der Möglichkeit des gutgläubigen Erwerbs zum Ausdruck gelangte Wertung des Gesetzes rechtfertigt (wie soeben angedeutet) eine Kondiktion des B gegen C, die nur eine analoge, also wertungsmäßige sein könnte (oben a), nicht. Freilich muß auch hier bedacht werden, daß dem (gutgläubigen) C aus dem Mangel des Kausalverhältnisses kein Nachteil erwachsen darf. A hat zwar eine Kondiktion gegen C, muß sich aber die Einreden, die C gegen B zustehen, entgegenhalten lassen. Die C im Verhältnis zu A begünstigende Regelung des gutgläubigen Erwerbs heischt folgerichtig auch bei der Rückabwicklung Beachtung. Wenn die h. L. zu diesem Ergebnis nicht vorzudringen vermag, so deswegen, weil sie einem verfehlten Leistungsbegriff verhaftet

---

[340] Bei Bösgläubigkeit steht C dem „Erwerber" einer abhanden gekommenen Sache gleich. Unten VI 9 c.

[341] Nach BGHZ 55, 176, 177 ist der Vertrag des Nichtberechtigten mit dem Dritten „in diesem Fall der die Vermögensverschiebung rechtfertigende Grund". Siehe auch *Larenz* 500 f.; *Koppensteiner / Kramer* 102; *U. Huber*, JuS 1970, 342, 346 l. Sp. Vgl. demgegenüber noch die übernächste Fußn. Kritisch zum BGH auch *H. P. Westermann*, JuS 1972, 18, 19 l. Sp.

[342] Sofern dieser entgeltlich ist. § 816 Abs. 1 Satz 2 BGB schließt die Wertung im Ergebnis aus.

[343] Wer die Wertung des § 932 BGB in den Rechtsgrund zwischen B und C verlegt (oben Fußn. 341), verwickelt sich meines Erachtens in Widersprüche. Denn danach wäre einerseits C auf Kosten des A bereichert, aber mit Rechtsgrund, andererseits B (§ 816 Abs. 1 BGB), ohne Rechtsgrund. Vgl. *Larenz* 501. Auf Kosten des A bereichert sein kann aber immer nur einer.

[344] Gemäß § 812 Abs. 1 Satz 1, 2. Fall BGB. Von einer Analogie zu § 816 Abs. 1 Satz 2 BGB ist hier nicht die Rede. Vgl. noch die folgende Fußn.

ist und infolgedessen in doktrinärer Anwendung des Satzes von der Relativität des Schuldverhältnisses verharrt, der durch die Möglichkeit des gutgläubigen Erwerbs längst modifiziert ist[345].

Soweit eine Kondiktion von A gegen C ausscheidet, greift im Verhältnis A-B § 816 Abs. 1 Satz 1 BGB ein. Diese Vorschrift verdient wegen ihrer in den trüben Strudel der herrschenden Lehre geratenen systematischen Stellung[346] für einen Augenblick unsere Aufmerksamkeit. Erinnern wir uns, daß nach der § 812 Abs. 1 Satz 1, 2. Fall BGB entsprechenden Regelung des § 748 E I die Bereicherung des Schuldners aus dem „Vermögen" des Gläubigers stammen mußte[347]. Das erschien den Verfassern des Entwurfs bei dem vom Nichtberechtigten (zum Beispiel) erzielten Kaufpreis aber nicht unproblematisch[348]. Deshalb sah der Entwurf für die einschlägigen Fälle besondere Vorschriften vor (§§ 839, 890, 2081). Die Zweite Kommission, die sich demgegenüber für eine allgemeine Norm entschied (den jetzigen § 816 BGB)[349], hat das Problem in gewisser Weise dadurch entschärft, daß sie „aus dessen Vermögen" durch „auf dessen Kosten" ersetzte[350]. § 816 Abs. 1, Satz 1 (wie auch Abs. 2) BGB dient gleichwohl weiterhin der Klarstellung, daß das vom Nichtberechtigten Erlangte bereicherungsrechtlich herauszugeben ist[351].

c) § 935 BGB

Ganz unproblematisch ist die Wertung, wenn der Nichtberechtigte über eine Sache verfügt, die A abhanden gekommen ist (B hatte sie etwa A gestohlen). A kann von C vindizieren, soweit er sein Eigentum nach den §§ 946 ff. BGB verloren hat, gemäß §§ 812, 951 BGB kondizie-

---

[345] Die im Text behandelte Frage wird gemeinhin unter dem Aspekt einer analogen Anwendung des § 816 Abs. 1 Satz 1 BGB abgehandelt. Das halte ich nicht für sachgerecht. Zum Streitstand nur *Larenz* 504 f. Soweit die Analogie (im Interesse des C) abgelehnt wird, soll A von B gemäß § 816 Abs. 1 Satz 1 BGB das Erlangte herausverlangen dürfen: die Kondiktion des B gegen C. Abgesehen von den Überlegungen soeben im Text erscheint mir das auch deswegen bedenklich, weil bei nichtigem Kausalverhältnis B—C die ratio legis genau genommen nicht zutrifft: Zugriff auf das anstelle der Sache Erlangte. Da man doch nur zu dem im Text vertretenen Ergebnis gelangen will, zeigt sich an dem scheinbar systemgerechten Umweg der ganzen Konstruktion in Wirklichkeit wieder die Brüchigkeit der h. L. (eine sachwidrig vorausgesetzte Kondiktion des B gegen C wird sachwidrig als Erlangtes angenommen).
[346] Dazu nur *Esser* 367, 375; *Medicus* Rdn. 727 ff.; *Koppensteiner / Kramer* 102; *Wacke* (oben Fußn. 6) 148.
[347] Oben V 5 b.
[348] Motive II 853 = *Mugdan* II 476.
[349] Prot. S. 8492 = *Mugdan* II 1181.
[350] Prot. S. 2941 ff. = *Mugdan* II 1170 f.
[351] Vgl. auch *Palandt / Thomas* § 816 Anm. 1 a; *Erman / H. P. Westermann* § 816 Rdz. 2; BGB-RGRK (*Heimann-Trosien*) § 816 Rdn. 1.

ren (wegen Bereicherung in sonstiger Weise)[352]. So wenig C der Vindikation gegenüber Einreden, die ihm gegen B zustehen, geltend machen kann (das BGB kennt kein Lösungsrecht), so wenig ist ihm das bei der Kondiktion gestattet[353].

d) §§ 812, 951 BGB

Entgegen der h. L. hat auch bei der Regelung dieser Fragen der propagierte Leistungsbegriff, und noch dazu als normativer Faktor, nichts zu suchen, weder in der Weise, daß die maßgeblichen sachenrechtlichen Wertungen durch ihn mediatisiert[354], noch in derjenigen, daß sie durch ihn gar ausgeschaltet werden[355]. Wir brauchen nur Folgerungen aus dem Vorausgegangenen zu ziehen[356].

Hat zum Beispiel A Baumaterial unter Eigentumsvorbehalt an B geliefert, bei gleichzeitiger Gestattung ordnungsmäßiger Weiterverwendung, und baut B das Material beim Grundstückseigentümer C ein, dann beurteilt sich die Rechtsveränderung von A zu C bereicherungsrechtlich nicht anders, als wenn B über § 185 Abs. 1 BGB an C übereignet hätte, wofür wiederum die Regelung maßgebend ist, die eingreift, wenn A an B übereignet und B an C[357]. C ist also im Sinne der §§ 812, 951 BGB nicht als „auf Kosten" des A bereichert anzusehen. Demnach hat bei nichtigem Kausalverhältnis B-C B wertungsmäßig eine Leistungskondiktion gegen C.

Ist der Einbau des Materials (mag es an B unter Eigentumsvorbehalt oder überhaupt nicht übereignet worden sein) durch B bei C ohne (wirksames) Einverständnis des A erfolgt, so greift, wenn das Material dem A nicht abhanden gekommen ist, zugunsten des gutgläubigen C die Regelung ein, die bei rechtsgeschäftlicher Veräußerung des Materials von B an C zum Zuge kommen würde: §§ 929, 932 BGB. Eine Kondiktion des A gegen C gemäß §§ 812, 951 BGB scheidet folglich aus, vorausgesetzt freilich, das Kausalverhältnis B-C ist wirksam. Andernfalls

---

[352] Nicht zu beanstanden (von den Vorbehalten oben Fußn. 343 abgesehen) BGHZ 55, 176 (Jungbullen). Daß die Lehre dieses Ergebnis zeitweilig in Frage gestellt hat (*Esser* bis zur 2. Aufl.), bedarf keines weiteren Kommentars mehr. Siehe noch *Canaris* 853.
[353] Die gleiche Regelung gilt bei nicht abhanden gekommenen Sachen, wenn C bösgläubig ist.
[354] Dagegen schon *Wilhelm* 107 f. mit Fußn. 165 und passim. Vgl. auch *Picker*, NJW 1974, 1790 passim (gegen BGH NJW 1974, 1132, oben Fußn. 226).
[355] Insoweit besonders in die Irre gehend BGHZ 40, 272, 279 und 56, 228, 241 f. gegen (im „Kern" richtig) U. Huber, JuS 1970, 342, 346.
[356] Zum Folgenden auch die Darstellung *U. Hubers* 344 ff., die weitgehend frei ist von der Argumentation mittels des modernen Leistungsbegriffs. Siehe ferner *Canaris* 853 ff.
[357] Vgl. oben 9 a.

kann A von C kondizieren[358]. Bei Bösgläubigkeit des C hat A stets die Kondiktion. In diesem Fall kann C, anders als im vorigen, A gegenüber auch die Einreden, die ihm gegen B zustehen, nicht geltend machen[359].

Bei abhanden gekommenem Baumaterial (B hat das A gestohlene bei C eingebaut) hat A in jedem Fall eine Kondiktion gegen C gemäß §§ 812, 951 BGB. Auf Einreden, die ihm gegen B zustehen, kann C sich nicht berufen[360].

10. Echter Vertrag zugunsten Dritter

Besonders schwer tun sich Lehre und Rechtsprechung schließlich mit dem Bereicherungsausgleich beim sog. echten Vertrag zugunsten Dritter[361]. Von wem muß (kann), wenn der Vertrag dahinfällt, (der Versprechende) A die an (den Dritten) C erbrachte Leistung kondizieren? Von C oder von (dem Versprechensempfänger) B? Die Meinungen sind kontrovers, weniger freilich in bezug auf die Beurteilung des einzelnen Falles als auf das theoretische Konzept. Weithin zieht man eine Parallele zur angenommenen Anweisung und verweist A für den Ausgleich grundsätzlich auf die (Deckungs-) Beziehung zu seinem Vertragspartner B[362]. Gegen C soll A ausnahmsweise dann vorgehen können, wenn im Valutaverhältnis (B-C) Unentgeltlichkeit vorliegt (vgl. § 822 BGB)[363], nach *Larenz* ferner dann, wenn B nicht berechtigt ist, die Leistung an C zu fordern (vgl. § 335 BGB)[364]. Eine andere Meinung sucht unter Be-

---

[358] Das ist unproblematisch, wenn B für A etwa nur Verwahrer war, gilt aber wegen des Eigentumsvorbehalts auch, wenn zwischen A und B ein Substanzverschaffungsvertrag vorliegt; sonst würde der Sicherungszweck vereitelt. Vgl. im übrigen oben b.

[359] Sowohl in BGHZ 40, 272 wie in 56, 228 meint der BGH die sachenrechtlichen Zusammenhänge im Hinblick auf den modernen Leistungsbegriff außer acht lassen zu können (S. 279 bzw. 241 f.).

[360] Siehe schon oben VI 9 c.

[361] Auch berechtigender Vertrag zugunsten Dritter oder Vertrag zu Rechten Dritter genannt. Nur von ihm ist im folgenden die Rede. Der bloß ermächtigende Vertrag zugunsten Dritter ist ein schlichter Anweisungsfall. Vgl. oben V 1.

[362] *Larenz* 487; *Koppensteiner / Kramer* 59; *Medicus* Rdn. 681. Die Gleichsetzung hat Tradition. Siehe etwa *Hellwig*, Der Vertrag auf Leistung an Dritte, 1899, S. 147; *Heck* (oben Fußn. 282) 150.

[363] *Larenz, Medicus, Koppensteiner / Kramer*, wie vorige Fußn.

[364] 488 f., im Anschluß an *Peters*, AcP 173, 71, 83 f., 90 ff. Ebenso *Koppensteiner / Kramer* 61 und BGHZ 58, 184, 189. Nach dieser Meinung hätte also bei einer unwirksamen Lebensversicherung, mit der langjährige Dienste des Dritten abgegolten werden sollten, A von C zu kondizieren, wenn B sich den unterstützenden Anspruch, auch seinerseits Leistung an C (!) zu verlangen, nicht ausbedungen hätte; andernfalls müßte A von B kondizieren — ein merkwürdiges Ergebnis, dessen Differenzierung mir wertungsmäßig nicht einleuchtet. Eine weitere Ausnahme sucht *Medicus* Rdn. 683 (ihm folgend *Koppensteiner / Kramer* 61 f.) im Anschluß an BGHZ 58, 184 zu formulieren. Dazu noch unten bei Fußn. 376.

10. Echter Vertrag zugunsten Dritter

rücksichtigung der Interessenlage und des „sozialen Typus" danach zu differenzieren, ob die Beziehung A-C dem Deckungsverhältnis „untergeordnet" bzw. ob C in das Deckungsverhältnis „eingebunden" ist (was bei Liberalität und Versorgung im Valutaverhältnis der Fall sein soll); dann Kondiktion gegen C. Oder ob eine solche Abhängigkeit des C nicht gegeben ist (wenn der Vertrag zugunsten Dritter zum Beispiel der abgekürzten Lieferung dient); dann Kondiktion gegen B[365].

Der Grund für dieses widersprüchliche Bild scheint mir darin zu liegen, daß die Dreieckskonstellation des Vertrags zugunsten Dritter nicht sachgerecht erfaßt wird, was allerdings untrennbar mit der herrschenden Unsicherheit in der Auffassung von Dreiecksverhältnissen zusammenhängt. Es ist oben[366] für den Anweisungsfall entwickelt worden, daß, wenn A an C leistet, die Frage nach anweisungsspezifischen Beziehungen zwischen (zum Beispiel) A und B die Frage nach der Zurechnung von Rechtsfolgen ist: Forderungsverlust des B bzw. Befreiung des A, wenn die Forderung des B gegen A besteht; Kondiktion des A gegen B, wenn die Forderung nicht besteht. Wir haben damit, sachlich gar nicht anders denkbar, vorausgesetzt, daß zwischen A und B ein Forderungsrecht des B existiert bzw. von beiden Parteien intendiert und als existent angenommen wird; denn nur unter dieser Voraussetzung kann eine anweisungsmäßige Rechtsfolgenerstreckung auf B sinnvollerweise in Betracht kommen[367]. An eben dieser Voraussetzung aber mangelt es beim Vertrag zugunsten Dritter. Durch diesen Vertrag (wir lassen für einen Augenblick § 335 BGB beiseite) erwirbt in bezug auf die von A zu erbringende Leistung C unmittelbar ein selbständiges Forderungsrecht und nur bzw. soll C unmittelbar ein selbständiges Forderungsrecht erwerben und nur C[368]. Das bedeutet, daß die Rechtsfolgen der Leistung von A an C niemand anderem zugerechnet werden können. Für die Rechtsfolge des Forderungsverlusts des C bzw. der Befreiung des A ist das offensichtlich. Es gilt folgerichtig aber auch für die Rechtsfolge der Kondiktion, falls die Forderung nicht besteht[369], wobei die causa des Valutaverhältnisses in jeder Hinsicht ohne Belang ist[370]. Wer im zweiten Fall anders entscheiden will, entscheidet sich für eine besondere bereicherungsrechtliche Kategorie der Zurechnung, die ebenso fragwürdig ist wie die des „Empfängerhorizonts"[371].

---

[365] Einerseits („Unterordnung") *Lorenz*, JuS 1968, 441, 443 ff.; andererseits („Integration") *Eike Schmidt*, JZ 1971, 601, 603 ff., 607 f. Siehe ferner *Köndgen* 68 f. Kritisch *Peters*, AcP 173, 83 f. Vgl. noch unten Fußn. 387.
[366] III 1 und 2.
[367] Voraussetzung einer Anweisungslage. Vgl. oben VI 2.
[368] Siehe nur Motive II 266, 268 f. = *Mugdan* II 147, 149.
[369] Vgl. auch *Heinrich Lange*, NJW 1965, 657, 658 l. Sp., 659 r. Sp., 662 r. Sp.
[370] Dazu auch noch unten Fußn. 387 und 388.
[371] Oben VI 2, insbes. Fußn. 227.

Sieht man diese Zusammenhänge, die aus der für den Vertrag zugunsten Dritter charakteristischen Aufspaltung des Deckungsverhältnisses resultieren, dann ist auch einsichtig, daß der (Hilfs-)Anspruch des B gemäß § 335 BGB, Leistung an C (!) zu verlangen, an der maßgeblichen Bewertung der Sachlage nichts zu ändern vermag. Bei nichtigem Vertrag (Deckungsverhältnis) kann A von C kondizieren. Meines Erachtens erklärt es nur die Konfusion, die für die Beurteilung von Dreiecksverhältnissen typisch ist, wenn der Vorschrift des § 335 BGB etwas anderes entnommen wird[372]. Das Recht des B gemäß § 335 BGB verstärkt das Recht des C gegen A auf Leistung an C, kann deshalb nicht den Wertungsgehalt haben, daß B bei fehlgeschlagenem Vertrag bereicherungsrechtlich als Empfänger der Leistung anzusehen ist, sowenig wie bei gültigem Vertrag A gegenüber B von einer Schuld befreit wird, die ihrem materiellen Inhalt nach gegenüber B bestand, auf Zahlung, Lieferung an B ging. Wie es scheint, wird nicht genügend berücksichtigt, daß der Leistungsgegenstand im Verhältnis A-B die Leistung (Zahlung, Lieferung) von A an C ist[373].

Abgestützt werden unsere Überlegungen durch die Beobachtung, daß, wiederum im Gegensatz zur Anweisung, bereits mit Abschluß des (wirksamen) Vertrages zugunsten Dritter, also noch vor Leistung des A an C, spezifische Rechtsfolgen im Valutaverhältnis eintreten: in dem Rechtserwerb des C, anstelle von B. Insoweit B im Zusammenwirken mit dem Schuldner A dem Dritten C die Forderung zugewendet hat[374], kann die Leistung auf die Forderung (mithin deren Realisierung) schwerlich nochmals eine Zuwendung, genauer: die Rechtsfolge einer Zuwendung im Valutaverhältnis begründen. Das müßte aber angenommen werden, wenn man der Leistung Rechtsfolgen im Deckungsverhältnis beilegen wollte[375]. Richtigerweise kondiziert deshalb, wenn das Valutaverhältnis nichtig ist, B vor Leistung des C die Forderung, nachher gemäß § 818 Abs. 1 BGB das Surrogat. Ist zusätzlich auch das Deckungsverhältnis hinfällig, scheidet mangels Forderungserwerb des C

---

[372] Vgl. oben Fußn. 364.

[373] Anders also als bei der Anweisungslage, wo die Verpflichtung des A gegenüber B auf Zahlung, Lieferung an B geht. Vgl. vorstehend auch *Eike Schmidt*, JZ 1971, 608 Fußn. 54.

[374] Auch darüber scheint keine Klarheit zu bestehen. Wie hier etwa *Palandt / Heinrichs* Einf. v. § 328 Anm. 2 a. Siehe auch Prot. S. 1512 = *Mugdan* II 705, wonach das Versprechen zugunsten eines Dritten „seinen Rechtsgrund in dem Verhältnisse des Versprechensempfängers zum Dritten" hat. Vgl. demgegenüber *Erman / H. P. Westermann* vor § 328 Rdz. 4.

[375] Die h. L. kommt in der Tat weithin zu der Annahme, mit der Wertbewegung von A an C werde nach drei Richtungen hin geleistet. Statt aller *Erman / H. P. Westermann* § 812 Rdz. 33. Vgl. bereits oben bei Fußn. 16, außerdem noch *Larenz* 487. In Wahrheit leistet nur A an C und auch die Rechtsfolgen dieser Leistung treten im Unterschied zur Anweisung allein im Verhältnis A—C ein. Vgl. noch im folgenden.

10. Echter Vertrag zugunsten Dritter

eine Kondiktion des B von vornherein aus. Soweit geleistet worden ist, kann lediglich A von C kondizieren.

Im Ergebnis richtig ist deshalb die viel diskutierte Entscheidung BGHZ 58, 184 gewesen, in welcher der BGH von einem unwirksamen Vertrag zugunsten Dritter ausgegangen ist[376]. Der BGH läuft aber einem Phantom nach, wenn er sein Ergebnis mit der „Besonderheit" begründet, daß „der Zuwendung des Versprechenden an den Dritten eine auf den Dritten bezogene Zweckrichtung" eigen sein kann, „die die Zuwendung als eine allein vom Bestand des Deckungsverhältnisses abhängige Leistung an den Dritten im bereicherungsrechtlichen Sinne erscheinen läßt" (188, 189). Die Abhängigkeit dieser Auffassung vom modernen Leistungsbegriff wird vom BGH selbst dargetan: Es bedarf (der Konstruktion) eines Leistungszwecks zwischen A und C, damit A qua Leistungskondiktion von C kondizieren kann. Wir kennen das Verfahren von BGHZ 50, 227 her[377] und können jetzt schließen: Sowenig wie dort bedurfte es in dem hier zu entscheidenden Fall der Feststellung eines Leistungszwecks im Verhältnis A—C, damit A die Leistungskondiktion gegen C gewährt werden konnte[378].

Es bleibt die Frage nach den Wertungen, die dieser Regelung zugrunde liegen. Sie folgen aus dem Wertungsgehalt des Vertrags zugunsten Dritter selbst. Mit der Möglichkeit, das Deckungsverhältnis aufzuspalten, berücksichtigt die Rechtsordnung das Interesse des C, unmittelbar ein selbständiges Forderungsrecht gegen A zu erwerben, ohne daß er an diesem Vorgang beteiligt werden muß, etwa mittels Stellvertretung[379] oder in der Weise, daß zunächst B das Forderungsrecht gegen A erwirbt und sodann im Wege der Zession auf C überträgt. Zumal im zweiten Fall wäre C bis zur Abtretung nicht davor geschützt, daß B selbst die Forderung gegen A realisiert bzw. seine Erben oder daß Gläubiger des B auf die Forderung zugreifen. Dieses Risiko wird mit dem Vertrag zugunsten Dritter ausgeschaltet[380]. Sozusagen die Kehrseite der den Drit-

---

[376] Vgl. statt aller *Medicus* Rdn. 683.
[377] Oben VI 3 b.
[378] Für den Bereicherungsanspruch des Versprechenden, seiner Art nach eine condictio indebiti, kommt die Zwecksetzung aber ins Spiel, wenn A beispielsweise die Nichtigkeit des Vertrags kannte: § 814 BGB. Vgl. oben V 3 bei Fußn. 173.
[379] Das wäre weithin auch nicht praktikabel. Vgl. nur § 166 VVG, aber auch unten Fußn. 381.
[380] Vgl. auch Motive II 270 = *Mugdan* II 149: Es verstehe sich von selbst, daß aus dem Recht „des Promissars, die Bewirkung der Leistung an den Dritten zu fordern, weder er selbst oder seine Erben, noch seine Gläubiger den Anspruch ableiten können, daß die Leistung an sie erfolge. Dies stünde im Widerspruche mit dem nach dem Inhalte des Vertrags begründeten Forderungsrechte des Dritten". Daß das Forderungsrecht des C niemals zum Vermögen des B gehört hat (vgl. *Erman / H. P. Westermann* vor § 328 Rdz 1), hat also den Sinn, daß es auf diese Weise den Risiken, die mit einer besonderen Übertragung von B auf C verbunden sind, entzogen ist.

ten derart begünstigenden Lage aber ist seine bereicherungsrechtliche Verpflichtung, wenn der Vertrag dahinfällt[381]. Daß andererseits und im Unterschied zur Zession A als Kondiktionsschuldner den Dritten C hat, wird ihm kraft seiner rechtsgeschäftlichen Entscheidung, sich auf den Vertrag zugunsten C einzulassen und damit für den Fall der Unwirksamkeit des Vertrags auf die Bonität des C, zugerechnet[382].

Das Ergebnis wird meines Erachtens auch nicht dadurch in Frage gestellt, daß man vom (faktischen) Synallagma her für eine Kondiktion des A gegen B plädiert: B könne dann mit Hilfe der Zug um Zug-Einrede die Rückgabe seiner an A erbrachten Leistungen verlangen[383]. Eigenartigerweise trägt diese Meinung keine Bedenken, den synallagmatischen Zusammenhang fallen zu lassen (A also eine Kondiktion gegen C zu geben), wenn B keinen Anspruch gemäß § 335 BGB hat oder im Valutaverhältnis Schenkung vorliegt, Fallgestaltungen, aus denen keineswegs ersichtlich ist, warum das synallagmatische Interesse des B gegenüber A jetzt weniger Schutz verdienen soll. Zumal das Argument, daß der von B beschenkte C weniger Schutz verdient, als wenn er eine Gegenleistung erbracht hat[384], ist für das Verhältnis A—B offensichtlich ohne jeden Wert. So sinkt denn das rechtliche Problem zu einem quantitativen der Vermeidung von Schwierigkeiten herab[385]. In Wirklichkeit wird übersehen, daß mit der Möglichkeit des Vertrags zugunsten Dritter der synallagmatische Zusammenhang von vornherein preisgegeben ist (deshalb auch die Regelung des § 334 BGB) und folglich nicht für die Rückabwicklung postuliert werden kann. Nur von dieser Einsicht her läßt sich eine Lösung des Problems ins Auge fassen und etwa sagen: So wie C die Leistung von A nicht verlangen kann, wenn B nicht an A leistet, so kann C die Rückgabe der Leistung an A

---

[381] Insoweit der (wirksame) Vertrag zugunsten Dritter im Ergebnis Züge der Stellvertretung trägt, kann zusätzlich auf den Wertungsgehalt dieses Rechtsinstituts verwiesen werden: der Vertretene ist auch der Bereicherungsschuldner.

[382] Die Kondiktion gegen C muß trotz der Leistung an ihn für A nicht immer vorteilhafter sein als ein Bereicherungsanspruch gegen B. Vgl. auch *Peters*, AcP 173, 71, 90 Fußn. 71. Der Unterschied zur Zession (oben VI 7) dürfte im übrigen deutlich sein. Dort braucht A, was seine auf den ursprünglichen Forderungsinhaber (und Vertragspartner) B ausgerichteten Vermögensinteressen betrifft, die von B und C vereinbarte Zuständigkeitsveränderung der Forderung nicht zu kümmern. Das ist für A von Bedeutung, wenn B Gegenrechte geltend macht. Beim Vertrag zugunsten Dritter wird man aber (auch) aus dem Gedanken des § 334 BGB heraus A gestatten, Gegenrechte des B abzuwehren, solange die Kondiktion gegen C noch offen ist. Nur in dem zur Zession gebildeten Beispielsfall (oben VI 7) wirkt sich der Unterschied deutlich aus. Vgl. weiter im folgenden.

[383] Siehe etwa *Canaris* 830; *Peters*, AcP 173, 84 f.; *Koppensteiner / Kramer* 60; *Larenz* 487.

[384] *Peters* 91.

[385] *Peters* 88.

10. Echter Vertrag zugunsten Dritter

verweigern, wenn A das von B Empfangene diesem nicht zurückgibt. Ferner: Da man von B wird verlangen können, seine Leistung an A im Interesse des C zurückzuhalten, wenn A nicht an C leistet, muß umgekehrt C den Interessen des B Rechnung tragen und die Rückgabe an C verweigern, wenn A das von B Empfangene nicht zurückgibt[386]. Es liefe der Entscheidung des Gesetzes zuwider und wäre überdies nicht sachgerecht, wollte man das komplexe Gebilde beim Vertrag zugunsten Dritter auf das Zwei-Personen-Verhältnis zurückführen.

Halten wir nach allem fest: Der Bereicherungsausgleich beim fehlgeschlagenen Vertrag zugunsten Dritter vollzieht sich in bezug auf die Leistung von A an C stets im Leistungsverhältnis A—C. Das gilt, wie sich als Fazit der vorausgegangenen Überlegungen ergibt, ohne Rücksicht auf die Art der causa des Valutaverhältnisses[387]. Die Frage, ob in concreto A von B oder von C kondizieren kann, ist ferner keine Frage innerhalb des Regelungsbereichs des Vertrags zugunsten Dritter, sondern die Frage, ob ein Vertrag zugunsten Dritter überhaupt gewollt war. Das ist anhand der aufgezeigten Wertungsgesichtspunkte zu prüfen, zu denen nicht zuletzt gehört, daß A sich beim Vertrag zugunsten Dritter wegen seiner an C erbrachten Leistung bereicherungsrechtlich nur an C halten kann[388].

---

[386] Vgl. vorstehend auch *Eike Schmidt*, JZ 1971, 608 r. Sp.

[387] Versuche, den Wertungsgehalt des Vertrags zugunsten Dritter vom Valutaverhältnis her zu erschließen, von einer „Unentgeltlichkeitscausa im weitesten Sinne" her, aus der sich „interessengemäß" und dem „Parteiwillen" entsprechend eine „Unterordnung des Dritten unter die fremde Deckungsbeziehung" ergebe (*Lorenz*, JuS 1968, 444), oder vom „sozialen Typus" der „liberal begünstigende(n) Verträge" her, was die „Integration" des Dritten in das Deckungsverhältnis zur Folge habe (*Eike Schmidt*, JZ 1971, 605, 607), diese Versuche werden in meinen Augen nur verbal dem Anspruch einer Wirklichkeitsanalyse gerecht. *Schmidt* irrt sich auch darin, daß seiner Meinung nach der Vertrag zugunsten Dritter nicht der Abkürzung dient. Siehe nur Prot. S. 1512 = *Mugdan* II 705: „Die allgemeine wirtschaftliche Bedeutung des Versprechens zu Gunsten Dritter liege darin, daß es eine Zuwendung aus dem Vermögen des Versprechenden an den Dritten ermögliche ohne die Notwendigkeit der doppelten Übertragung des Vermögensgegenstandes zunächst vom Versprechenden an den Versprechensempfänger, dann von diesem an den Dritten." Die Abkürzung vollzieht sich beim Vertrag zugunsten Dritter nur anders als bei der Anweisung (im weitesten Sinn), auch wertungsmäßig anders (das gilt auch für die angenommene Anweisung). Man kann so formulieren: Der Vertrag zugunsten Dritter dient der Abkürzung, aber nicht jede Abkürzung weist den Wertungsgehalt des Vertrags zugunsten Dritter auf. Im „Normalfall" der abgekürzten Lieferung liegt deshalb gar kein Vertrag zugunsten Dritter vor. Dazu noch sofort im Text.

[388] Es ist daher unrealistisch, in einem Beispiel wie dem bei *Koppensteiner/Kramer* 59 A und B schlicht vereinbaren zu lassen, daß C „der Einfachheit halber ... berechtigt sein solle, Lieferung des Getreides ... an sich zu verlangen". Umgekehrt ist die Auslegungsregel des § 330 BGB höchst sachgerecht, in welcher Vorschrift übrigens — bezeichnenderweise, wie mir scheint — der causa des Valutaverhältnisses überhaupt nicht gedacht wird.

Sachregister

Abstraktionsprinzip 13, 30, 31 Fußn. 74
Abtretung s. Zession
Analogie 20 f. (Erfüllung); 21 ff., 24 ff., 28 f., 31 Fußn. 74, 32, 33, 36, 37 ff., 44 f., 45 ff., 48 f., 51 Fußn. 160, 53, 56 f., 95 u. ö. (Leistungskondiktion); 23, 28, 56 (Wertersatz)
Angenommene Anweisung 15, 82 f.
Anweisung (Weisung) 19 f., 21, 22 f., 26 f., 41, 42, s. auch Mängel der Weisung
Anweisungslage 19 ff., 21 ff. u. ö., s. auch Fehlende Anweisungslage
„auf Kosten" 29, 47, 56 f., 95 ff., 99 f.

Befreiung von der Verbindlichkeit s. Bereicherung des Anweisenden
Begriffsjurisprudenz 16, 76 Fußn. 240 und 241
Bereicherung des Anweisenden 15 ff., 17 f., 22 f., 24, 25, 26, 32, 36 f., 39 f., 65
Bereicherung „in sonstiger Weise" 27, 62 ff., 78 f., 95 ff., 98 ff.
Bereicherungskette s. Veräußerungskette
B-Geschäft s. Finanzierter Abzahlungskauf
Bürgschaft 89 f.

condictio certae pecuniae 30 f.

datio s. Vermögensverschiebung
Deckungsverhältnis s. Leistungskondiktion im Deckungsverhältnis
Doppelmangel 25 f., 81 f., s. auch Kondiktion der Kondiktion
Drittleistung (§ 267 BGB) 71, 72 Fußnoten 227 und 228, 85 ff., 88 f.
Durchgriff s. Leistungskondiktion im Leistungsverhältnis

Einreden s. Einreden aus dem Valutaverhältnis, Verfügung eines Nichtberechtigten
Einreden aus dem Valutaverhältnis 25, 39 f., 81
Empfängerhorizont 65, 69, 70 ff.

Fehlende Anweisungslage 28, 68 ff.
Fiktion 51 Fußn. 160
Finanzierter Abzahlungskauf 90 ff.

Garantievertrag 90
Geheißerwerb (gutgläubiger) 71 Fußnote 226
Geschäftsführung ohne Auftrag im Deckungsverhältnis (§ 267 BGB) 88 f.
Gesetzeslücke 29 f.
Gesetzespositivismus 33 f.

Insolvenz des Anweisungsempfängers 40 Fußn. 106, 81

Kausalität 50 f.
Kondiktion s. Leistungskondiktion, Bereicherung „in sonstiger Weise"
Kondiktion der Kondiktion 16, 18, 25 f., 81 f.

Leistung s. Leistungsbeziehung
Leistungsbegriff 12, 14 ff., 27, 42, 57, 58 ff., 63 ff., 65, 69 u. ö., s. auch Leistungsbeziehung
Leistungsbeziehung 19 ff. (Erfüllung); 14 ff., 22 ff., 25 f., 26 f., 28 f., 55 f. u. ö. (Bereicherung); 32 ff. (Leistung im Rechtssinne); 79 ff. (Mängel der Leistungsbeziehung); 21, 22, 27, 60 f. (wirksame Leistung); s. auch Leistungsbegriff
Leistungskondiktion im Deckungsverhältnis 21 ff., 26 ff., 55 ff., 81; im Valutaverhältnis 24 f., 28 f., 56 f.; im Leistungsverhältnis 27, 29, 57, 58, 76 ff.
Leistungszweck 14, 16, 27, 35, 55, 58, 59 ff., 85 ff., 103 u. ö., s. auch Zweckvereinbarung

Mängel der Weisung 27, 35, 43, 55, 73 ff., 76 ff.

„ohne rechtlichen Grund" 61, 66 f.

Rückerwerb 96
Rückgriffskondiktion 63, 88 f.

Schenkung im Deckungsverhältnis (§ 267 BGB) 88
Schenkung im Valutaverhältnis 17, 82
Sein und Sollen s. Tatbestand und Rechtsfolge
Subsidiaritätsprinzip 56, 57, 65, 67, 69, 78 f., 96
Systematik der Leistungskondiktion 58 ff., 62 ff.

Tatbestand und Rechtsfolge 32 f., 36, 37 ff., 45 ff., 49 ff., 52 u. ö.

Unmittelbarkeit der Vermögensverschiebung 17, 32, 35, 67, 69, s. auch Vermögensverschiebung

Valutaverhältnis s. Leistungskondiktion im Valutaverhältnis, Einreden aus dem Valutaverhältnis
Veräußerungskette 13, 25 f., s. auch Analogie (Leistungskondiktion)

Verfügung eines Nichtberechtigten 95 ff. (Einwilligung); 97 f. (gutgläubiger Erwerb); 98 f. (§ 935 BGB); 99 f. (Einbau); Einreden 96 ff.
Vermögensverschiebung 13, 16, 17 f., 32 f., 45 ff., 55 f., 57, s. auch Unmittelbarkeit der Vermögensverschiebung
Vertrag zugunsten Dritter (echter) 15, 100 ff.
Verwendungskondiktion 63

Weisung s. Anweisung
Wertersatz 23 f., 28, 39 f., 55 f., 81 f.
Wirtschaftliche Betrachtungsweise 33 f.

Zession 83 ff.
Zweckbestimmung s. Leistungszweck
Zweckvereinbarung 60 Fußn. 175, 61 Fußn. 177, 77 f.

Printed by Libri Plureos GmbH
in Hamburg, Germany